Flex und Flo

Mathematik

D1923055

Arbeitsheft

Die Bayernausgabe wurde erarbeitet von
Carina Eiswirth, Jutta Frieß, Sina Heinig,
Sonja Mehringer und Katja Muschler

Unter beratender Mitwirkung von
Cordula Abt, Sabine Hofmann, Waltraud Hohlweg,
Dr. Gabriele Loibl, Nicole Niggemann, Gabriele Pfob,
Andrea Schmuttermair und Anja Wagatha

Illustriert von
Angelika Citak, Friederike Großekettler,
Heike Heimrich, Karoline Kehr und Christine Kleicke

Diesterweg
westermann

Inhaltsverzeichnis

zu Themenheftseite

Zahlen und Operationen: Plus und Minus bis 100

Zahlen und Operationen: Mal und Geteilt

Inhaltsverzeichnis

Raum und Form

Größen und Messen · Daten und Zufall

* Thema aus dem Lernbereich 1.3 Zahlen und Operationen – Sachsituationen und Mathematik in Beziehung setzen.

Zeichenerklärung

Male/Zeichne mit der entsprechenden Farbe.

Streiche durch.

Ordne zu.

Kreise ein.

Kreuze an.

Benutze Material.

Partnerkonferenz

- Bearbeite die Aufgabe zuerst allein. Schreibe deine Überlegungen auf.
- Suche dir ein Kind, das die Aufgabe auch bearbeitet hat.
- Sprecht darüber.

Verweis auf die passende Seite
im Flex und Flo Themenheft **Zahlen und Operationen: Plus und Minus bis 100**

Verweis auf die passende Seite
im Flex und Flo Themenheft **Zahlen und Operationen: Mal und Geteilt**

Verweis auf die passende Seite
im Flex und Flo Themenheft **Raum und Form 2**

Verweis auf die passende Seite
im Flex und Flo Themenheft **Größen und Messen · Daten und Zufall 2**

Aufgabe aus dem Anforderungsbereich I
Reproduzieren: erfordert Grundwissen und das Ausführen von Routinetätigkeiten

Aufgabe aus dem Anforderungsbereich II
Zusammenhänge herstellen: erfordert das Erkennen und Nutzen von Zusammenhängen

Aufgabe aus dem Anforderungsbereich III
Verallgemeinern und Reflektieren: erfordert komplexe Tätigkeiten wie Strukturieren, Entwickeln von Strategien, Beurteilen und Verallgemeinern

ICH-DU-WIR Aufgabe oder Forscherauftrag für das Arbeiten in einem Dreischritt:
1. Jedes Kind arbeitet zunächst allein.
2. Jedes Kind bespricht seine Lösung mit einem Partner.
3. Die Ergebnisse aus der Partnerphase werden der gesamten Lerngruppe präsentiert und gemeinsam reflektiert.

Datum: ___________

1

2

Zahl	2	5	1	8	10	7	3	4	6	9
das Doppelte										

3

Zahl	2	20	10	14	4	16	6	18	8	12
die Hälfte										

TH S. 4

1 ICH-DU-WIR: Warum sind die Strandhäuser unterschiedlich hoch?

Wiederholung und Vertiefung

Datum: ____________

1

4 + 10 = ___ 7 + 10 = ___ 5 + 10 = ___ 9 + 10 = ___

4 + 9 = ___ 7 + 9 = ___ 5 + 9 = ___ 9 + 9 = ___

2

6 + 11 = ___ 3 + 12 = ___ 6 + 14 = ___ 2 + 18 = ___

11 + 6 = ___ 12 + 3 = ___ ____________ ____________

3

5 + 7 = ___ 9 + 8 = ___ 4 + 3 = ___ 9 + 2 = ___

5 + 8 = ___ 9 + 7 = ___ 5 + 4 = ___ 8 + 3 = ___

5 + 9 = ___ 9 + 6 = ___ 6 + 5 = ___ 7 + 4 = ___

5 + ____________ ____________ ____________ ____________

____________ ____________ ____________ ____________

4

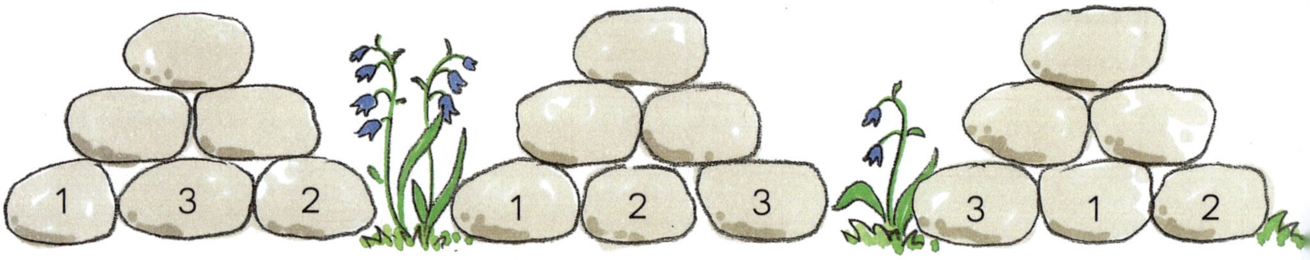

5

18 − 10 = ___ 14 − 10 = ___ 16 − 10 = ___ 11 − 10 = ___

18 − 9 = ___ 14 − 9 = ___ 16 − 9 = ___ 11 − 9 = ___

6

15 − 9 = ___ 13 − 6 = ___ 17 − 8 = ___ 14 − 7 = ___

17 − 9 = ___ 15 − 6 = ___ 15 − 8 = ___ 12 − 7 = ___

7

13 − 8 = ___ 13 − 4 = ___ 11 − 7 = ___ 17 − 4 = ___

13 − 7 = ___ 14 − 5 = ___ 12 − 7 = ___ 16 − 5 = ___

13 − 6 = ___ 15 − 6 = ___ 13 − 7 = ___ 15 − 6 = ___

13 − ____________ ____________ ____________ ____________

____________ ____________ ____________ ____________

8

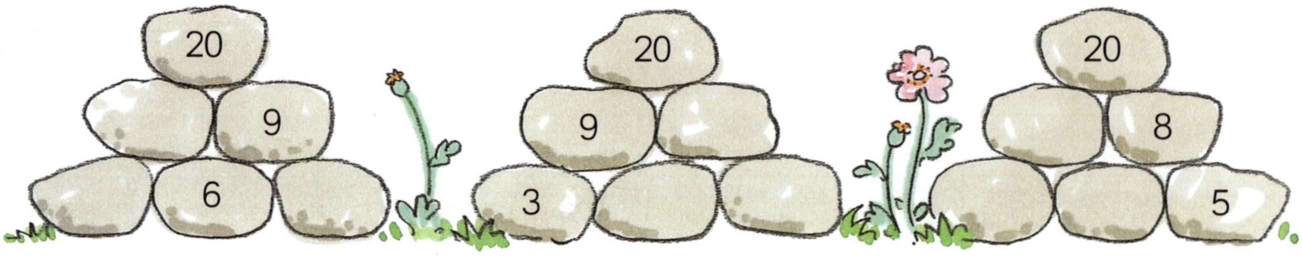

TH S. 5

Wiederholung und Vertiefung

Datum: ____________

1

2

3

4

–	6	9	7
9			
10			
11			

–	4	6	8
14			
16			
18			

–	10	9	8
13			
15			
12			

5

a) 5 + 6 + 5 = 16
6 + 4 + 8 = ____
4 + 7 + 3 = ____

b) 16 – 6 – 6 = ____
12 – 2 – 8 = ____
16 – 5 – 6 = ____

c) 8 + 5 – 5 = ____
13 – 2 + 4 = ____
13 + 4 – 7 = ____

TH S. 6

Datum: ____________

1

4	1			
2	3			
5	0			
5	1			

2 Findest du auch die Zahlen im letzten Zug?

2	1			
3	2			
4	3			
5				

3

1		6		
2		6		
3		6		
4		6		

4 Wie heißen die fehlenden Zahlen?

		8	12	
		7	11	
		6	10	
		5	9	

5 Wie lang wird dein Zug?

1	3					

TH S. 7

Bündeln

Datum: ____________

1

Z	E

____

Z	E

____

2

Z	E

____

3

Z	E

____

TH S. 10

2, 3 Immer erst 10 durchstreichen und einkreisen. Anzahl in Stellenwerttafel schreiben.

Zehnerketten

Datum: ____________

1 Wie viele Zehnerketten sind es? Wie viele Perlen bleiben übrig?

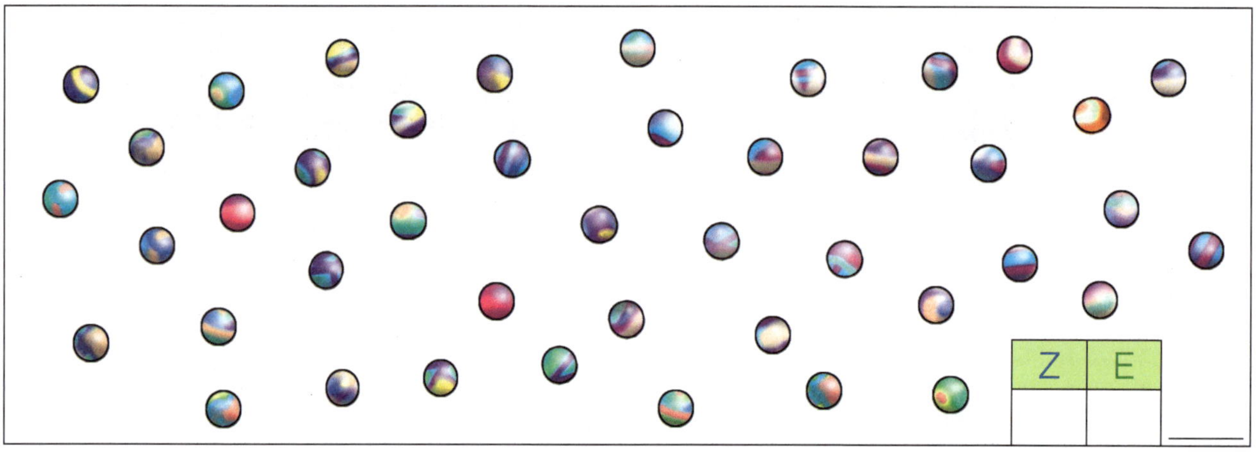

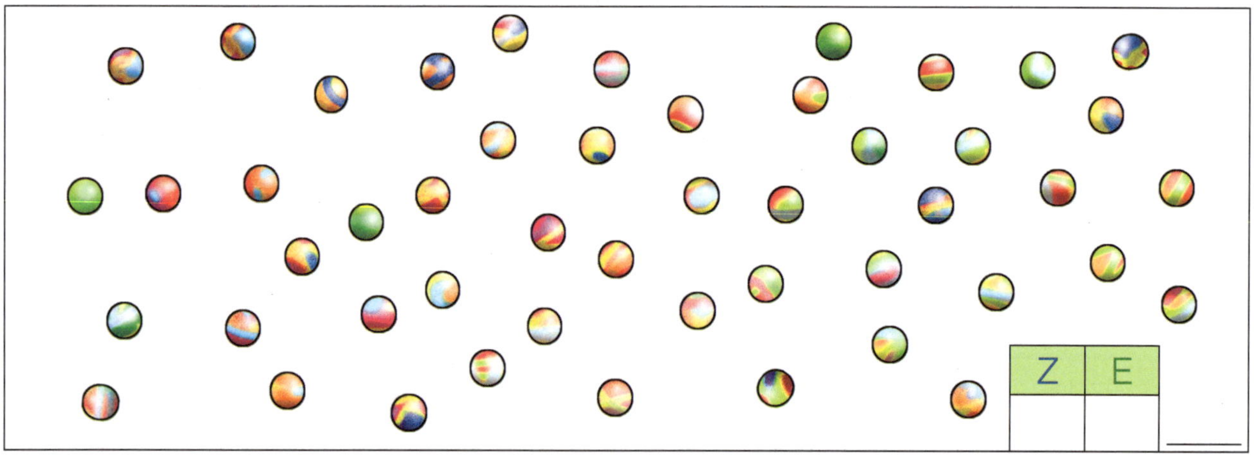

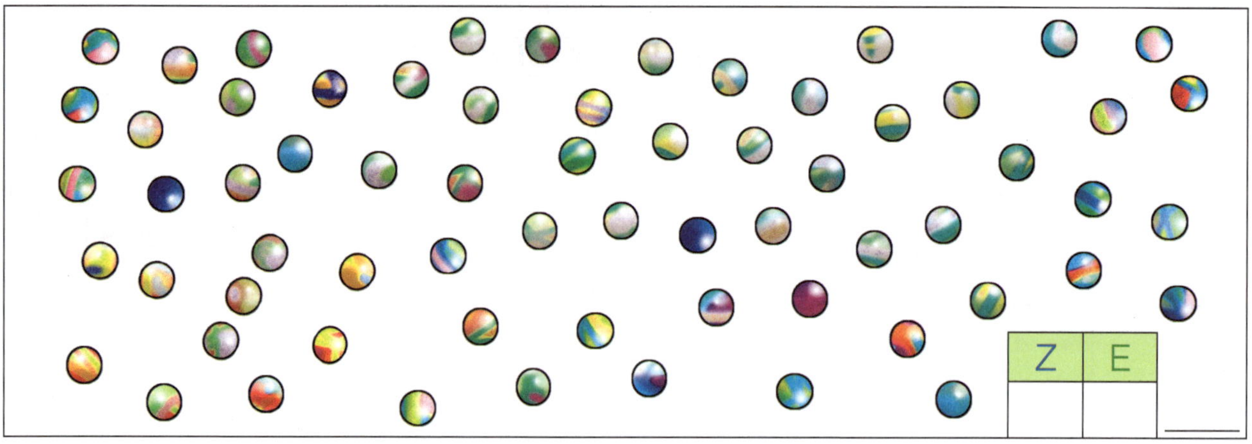

TH S. 10

1 Immer 10 verbinden. Für jede Kette eine andere Farbe verwenden.

Datum: ____________

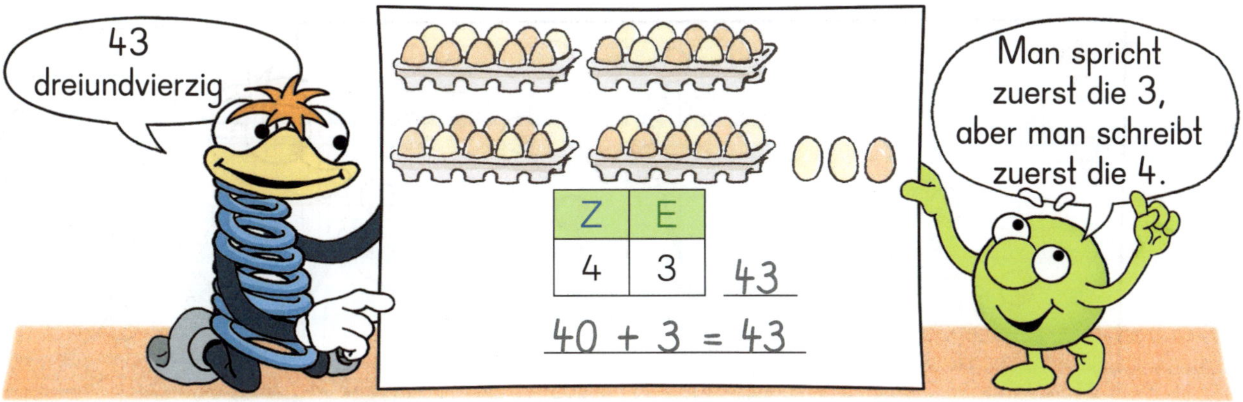

1

Z	E

____

____

Z	E

____

____

2

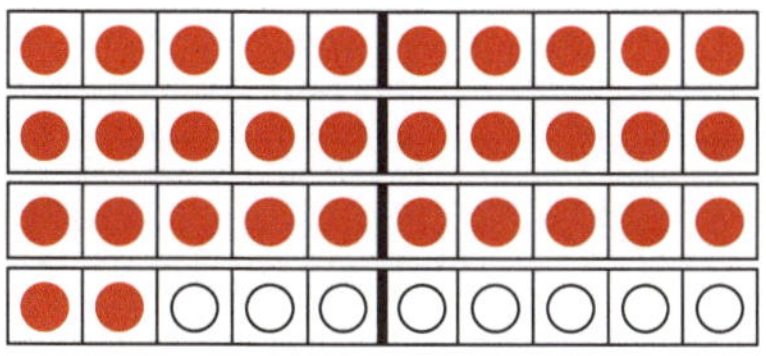

Z	E

____

____

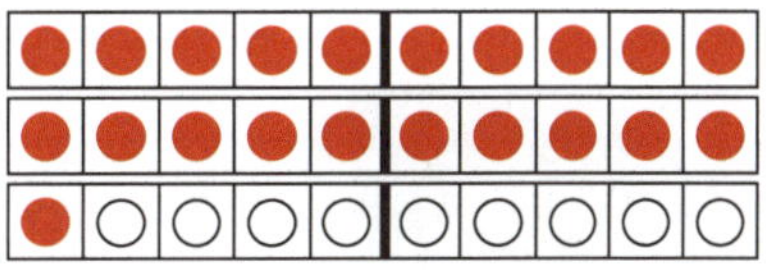

Z	E

____

____

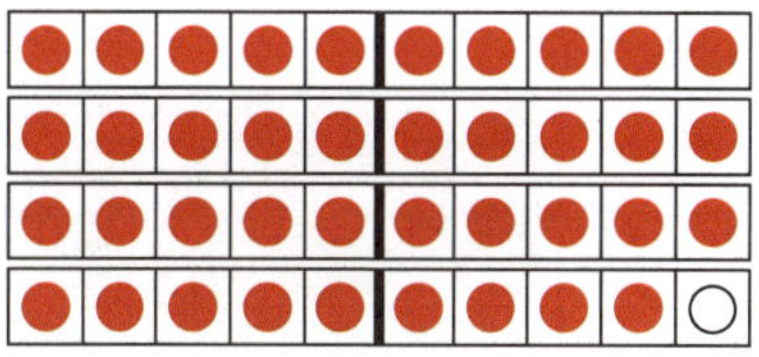

Z	E

____

____

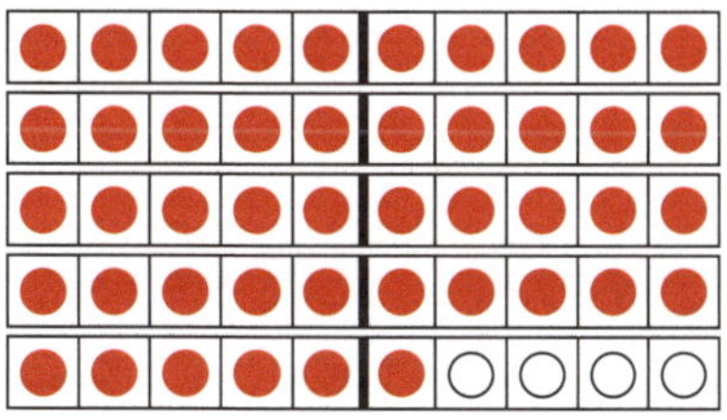

Z	E

____

____

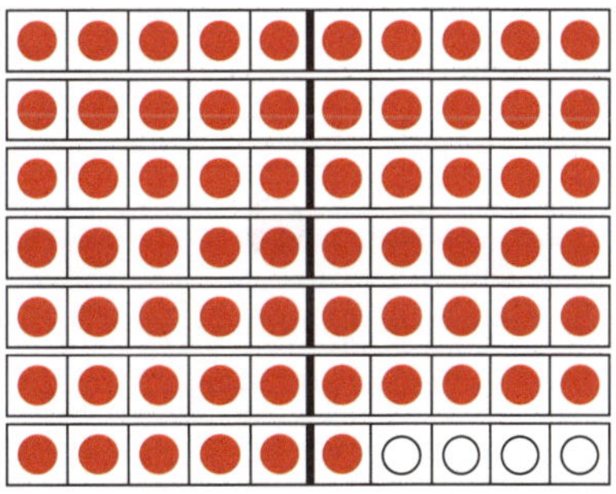

Z	E

____

____

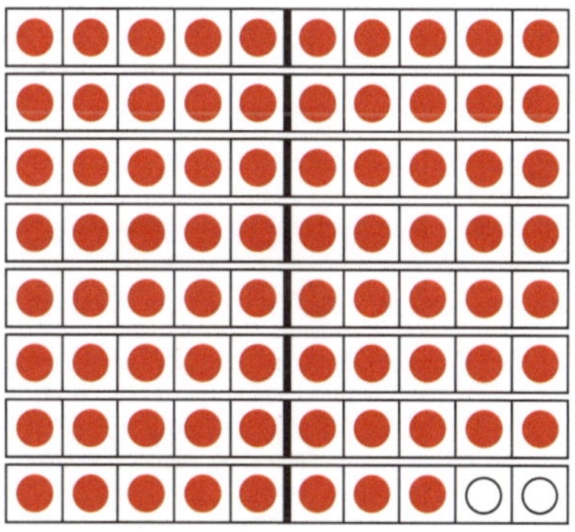

Z	E

____

____

TH S. 11

Datum: ______________

1

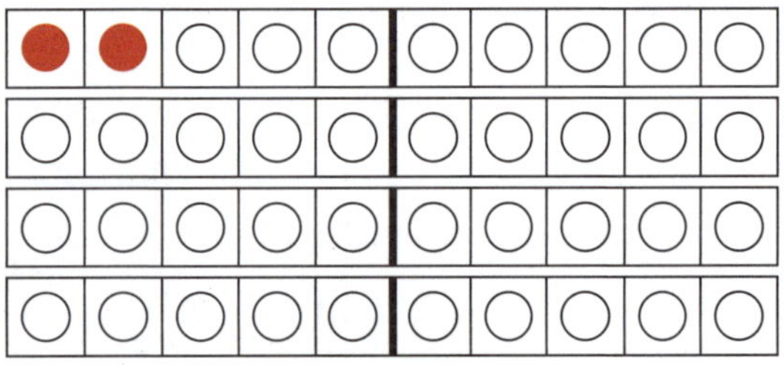

Z	E
2	8

____

20 + 8 = 28

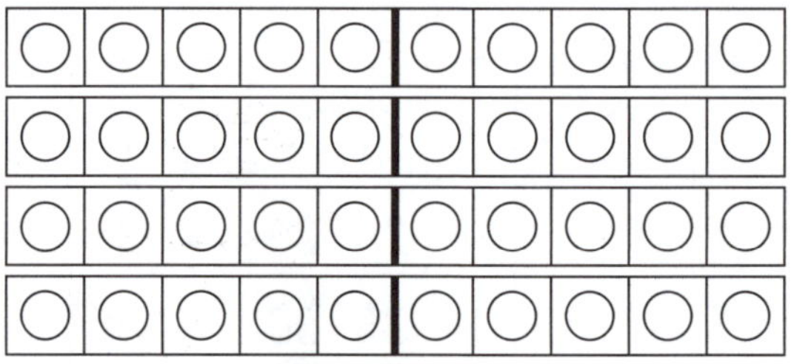

Z	E
3	6

____

30 + 6 = ______

2

3Z + 8E = 30 + 8 = 38

5Z + 5E = ______________

8Z + 0E = ______________

4Z + 3E = ______________

7Z + 7E = ______________

9Z + 5E = ______________

4Z + 4E = ______________

8Z + 9E = ______________

8Z + 6E = ______________

5Z + 0E = ______________

3Z + 9E = ______________

9Z + 3E = ______________

3

37 = 30 + 7 = 3Z + 7E

73 = ______________

45 = ______________

54 = ______________

41 = ______________

14 = ______________

4 Immer drei gehören zusammen. Färbe mit gleicher Farbe.

4Z + 3E | 76 | 70 + 3 | 43 | 6Z + 7E | 56

60 + 7 | 37 | 40 + 3 | 7Z + 6E | 73 | 3Z + 7E

7Z + 3E | 50 + 6 | 30 + 7 | 67 | 70 + 6 | 5Z + 6E

TH S. 12

Hundertertafel

Datum: ____________

1	2	3	4	5	6	7	8	9	10
11	12	13	14	15	16	17	18	19	20
21	22	23	24	25	26	27	28	29	30
31	32	33	34	35	36	37	38	39	40
41	42	43	44	45	46	47	48	49	50
51	52	53	54	55	56	57	58	59	60
61	62	63	64	65	66	67	68	69	70
71	72	73	74	75	76	77	78	79	80
81	82	83	84	85	86	87	88	89	90
91	92	93	94	95	96	97	98	99	100

1 Färbe die Felder.

a) 2, 12, 22, 32, 42,
23, 24,
5, 15, 25, 35, 45

b) 53, 63, 73, 83, 93,
94, 95, 96,
86, 76, 66, 56

c) 36, 37, 38, 39, 40,
48, 58, 68, 78

Lösungswort:

____ ____ ____

2 Welche Zahlen fehlen?

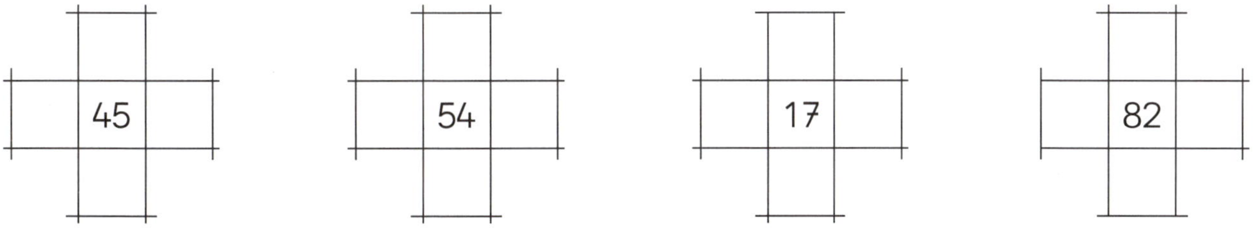

3

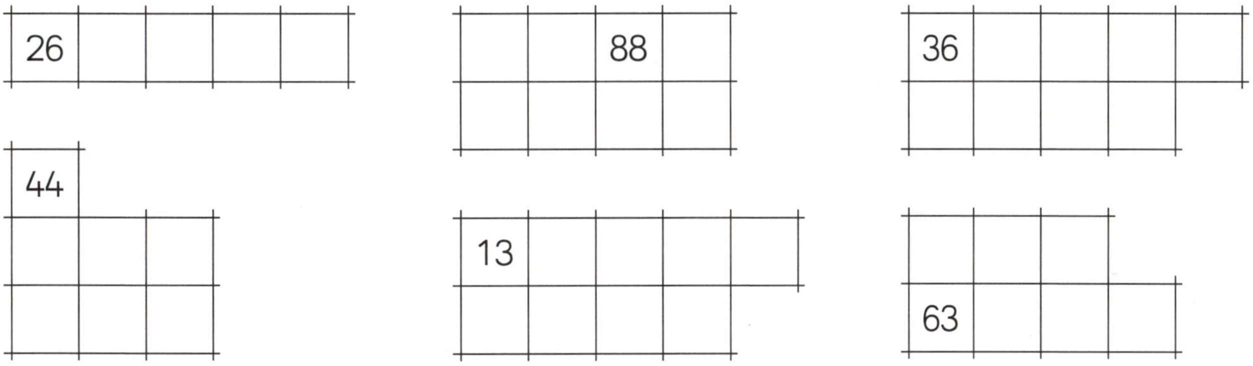

4 Welche Zahlen fehlen? Welche können es sein?

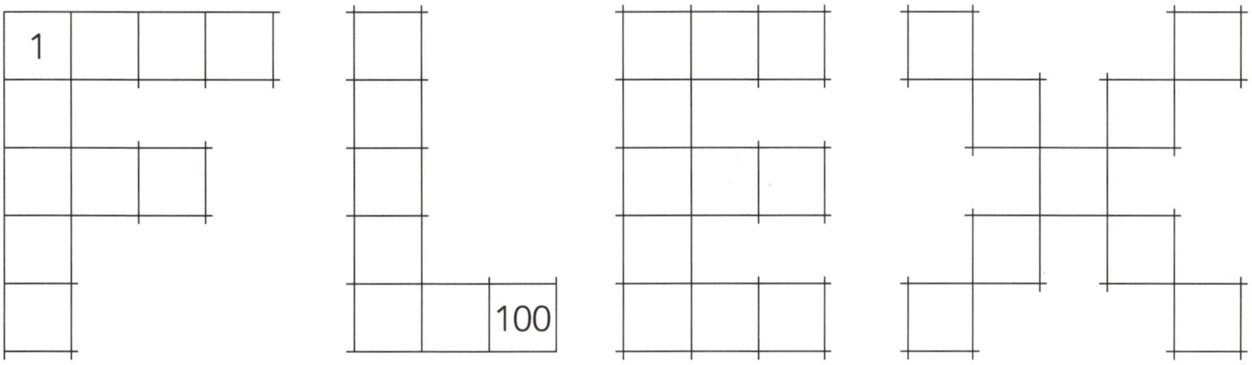

TH S. 16-17

Hundertertafel

Datum: ____________

1 Trage den Weg in die Hundertertafel ein.

a)
- 91 → → → ☐
- 76 ← ← ← ☐
- 17 ↓ ↓ ↓ ☐

b)
- 42 ↑ ↑ → ☐
- 50 ↓ ↓ ← ☐
- 77 ↑ ↑ ↓ ☐

1	2	3	4	5	6	7	8	9	10
11									
21									
31									
41									
51									
61									
71									
81									
91	→	→	→						100

2 Was ist denn hier los?

47 → ↓ ← ↑ ☐ 86 ↑ → ↑ ← ↓ ↓ ☐

3 Wo kommst du an? Trage die Zielzahl ein.

a)
- 15 4↓ 5→ ☐
- 37 5↓ 1→ ☐
- 46 2↓ 3→ ☐
- 83 1↓ 5→ ☐
- 78 2↓ 2→ ☐
- 55 4↓ 3→ ☐

b)
- 93 3↑ 3→ ☐
- 19 8↓ 1→ ☐
- 19 8← 1↑ ☐
- 91 7→ 2↑ ☐
- 76 4↑ 5← ☐
- 65 4→ 5↑ ☐

c)
- 16 1↑ 5← ☐
- 43 4↑ 2← ☐
- 89 2↑ 6← ☐
- 74 4↑ 2← ☐
- 69 6↑ 7← ☐
- 72 7→ 6↑ ☐

4 Auf vielen Wegen zum Ziel. Schreibe immer zwei Möglichkeiten auf.

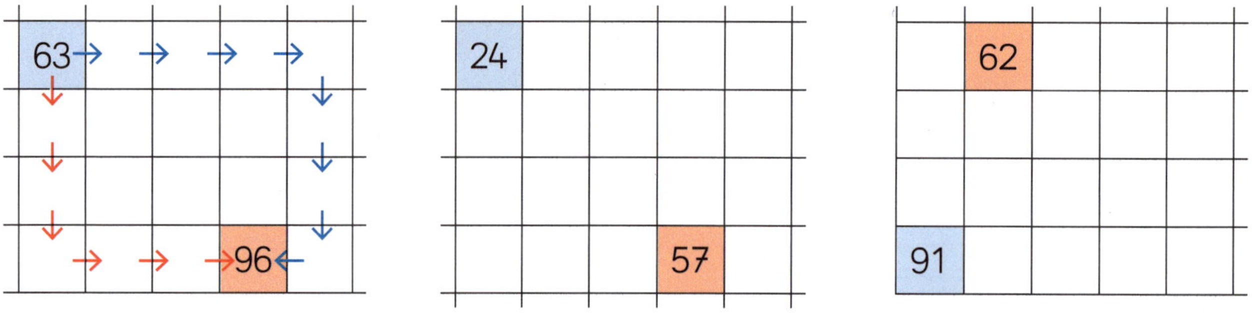

63 3↓ 3→ 96 | 24 ______ 57 | 91 ______ 62

63 ______ 96 | 24 ______ 57 | 91 ______ 62

TH S. 18-19

Datum: ____________

1 Wo stecken die Fähnchen?

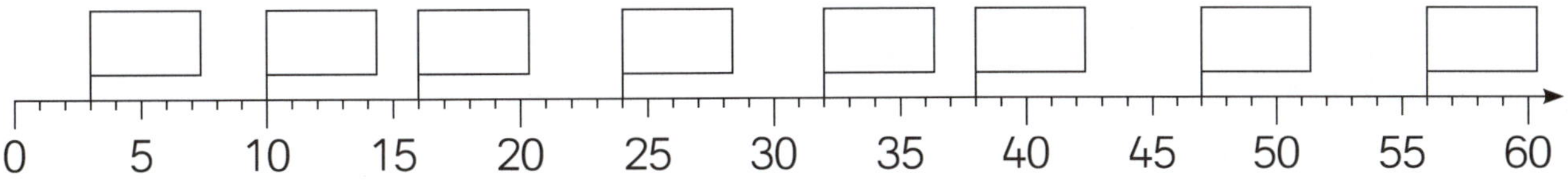

2 Welche Zahlen sind es?

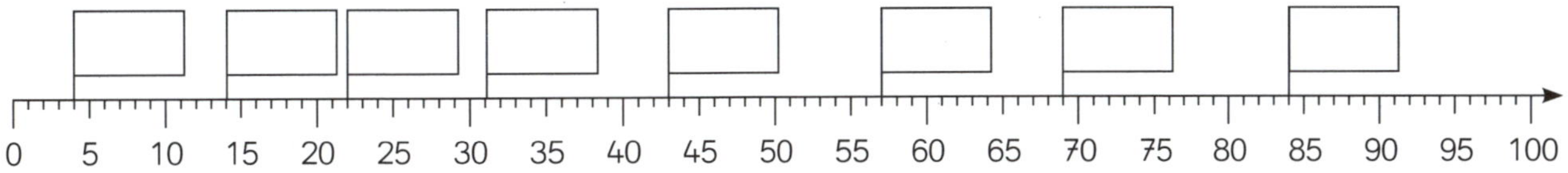

3 Ordne die Zahlen.

69, ~~14~~, 34, 41, 58

14 < ___ < ___ < ___ < ___

68, 67, 25, 73, 24

___ < ___ < ___ < ___ < ___

33, 63, 36, ~~93~~, 39

93 > ___ > ___ > ___ > ___

51, 89, 37, 87, 21

___ > ___ > ___ > ___ > ___

4 Welche Zahlen sind es? Schreibe beide Nachbarzehner (NZ) auf.

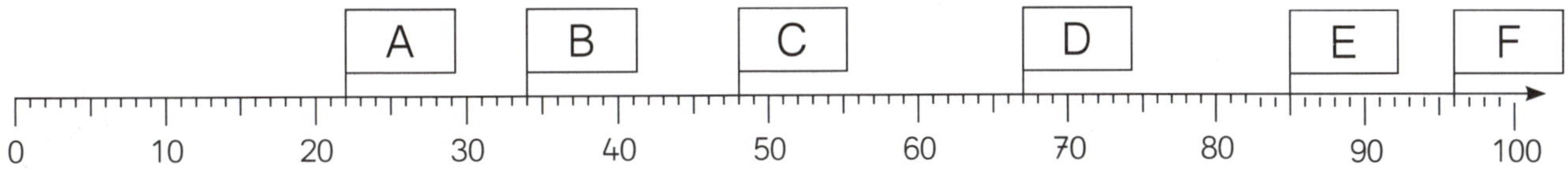

NZ	Zahl	NZ
20	A: 22	30
	B:	
	C:	

NZ	Zahl	NZ
	D:	
	E:	
	F:	

5 Vorgänger (V) Zahl und Nachfolger (N): Ergänze die Tabellen.

V	Zahl	N
11	12	13
	27	
	39	
	63	

V	Zahl	N
	44	
	56	
75		
	81	

V	Zahl	N
	71	
90		
		99
		70

Rechnen in anderen Zehnern

Datum: ____________

1

4 + 4 = ____ 3 + 6 = ____ 2 + 5 = ____ 1 + 8 = ____

14 + 4 = ____ 13 + 6 = ____ 12 + 5 = ____ ____________

24 + 4 = ____ ____________ ____________ ____________

____________ ____________ ____________ ____________

2

+	4	2	6
91	95	93	
73			

+	3	5	1
81			
24			

+	1	3	4
75			
44			

3

7 − 4 = ____ 5 − 3 = ____ 9 − 8 = ____ 8 − 5 = ____

17 − 4 = ____ 15 − 3 = ____ 19 − 8 = ____ 18 − 5 = ____

27 − 4 = ____ 25 − 3 = ____ ____________ ____________

____________ ____________ ____________ ____________

4

−	3	1	5
47	44	46	
68			

−	4	6	2
77			
28			

−	5	3	7
88			
39			

5 Setze fort. Was fällt dir auf? Ergänze.

50 − 2 = 48

50 − 3 = ____

50 − 4 = ____

50 − 5 = ____________

____

____

48 − 7 = 41

48 − 6 = ____

48 − 5 = ____

48 − 4 = ____________

____

____

6 Wie heißen die fehlenden Zahlen?

TH S. 27, 29

5 ICH-DU-WIR: Beschreibungen sammeln und vergleichen.

Zahlen am Rechenstrich

Datum: ____________

1 Welche Zahl liegt genau in der Mitte? Zeichne sie ein.

0 — 5 — 10

0 — 40

20 — 40

60 — 80

2 Wo liegen diese Zahlen ungefähr?

10 20

0 — 30

10 20

0 — 50

10 50 80

0 — 100

3

50 65 35

20 — 80

75 65 95

50 — 100

50 45 65

30 — 70

75 65 80

60 — 90

4 Wo liegen diese Zahlen ungefähr?

36 88 50 10 66

0 — 100

5 Welche Zahlen sind wohl falsch eingetragen? Verändere.

0 10 60 50

0 10 40 100

TH S. 30

3 Zuerst die Zahl in der Mitte eintragen.

Aufgaben am Rechenstrich

Datum: ____________

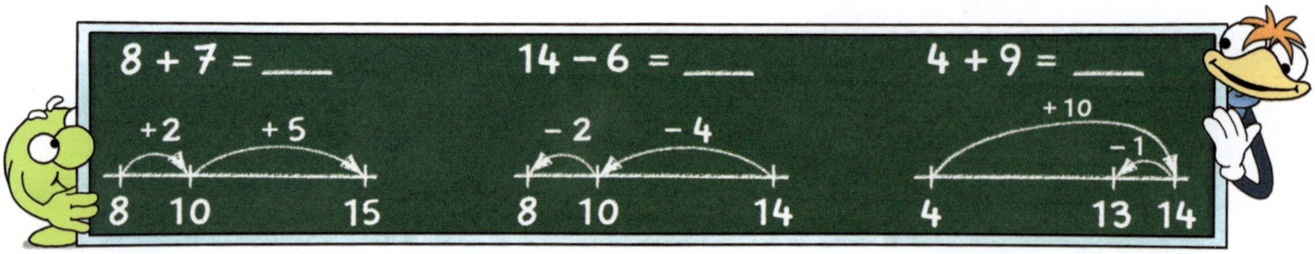

1 Zeichne deinen Rechenweg wie Flex und Flo.

9 + 6 = ____ 7 + 9 = ____ 12 − 7 = ____

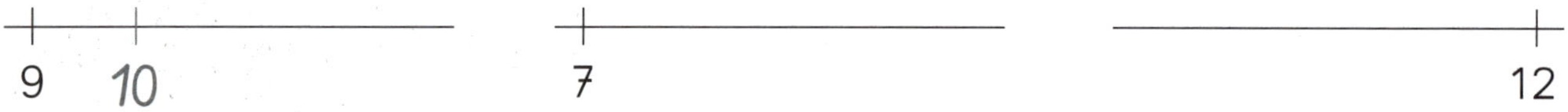

2 Welche Aufgaben haben Flex und Flo gerechnet?

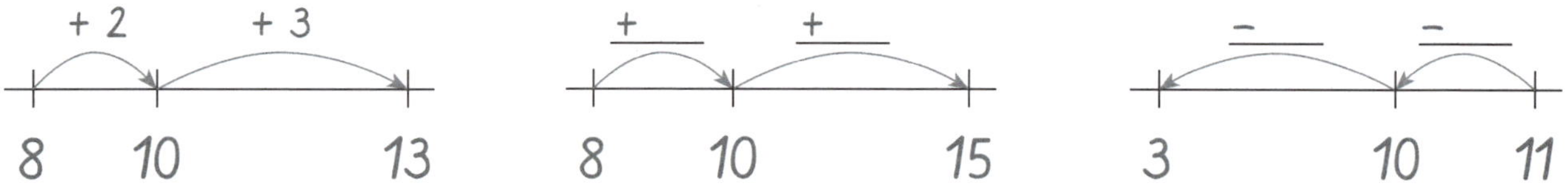

8 + 5 = ____________ ____________ ____________

3 Zeichne deinen Rechenweg.

40 + 33 = ____ 40 + 58 = ____ 20 + 67 = ____

4 Welche Plusaufgaben sind hier dargestellt?

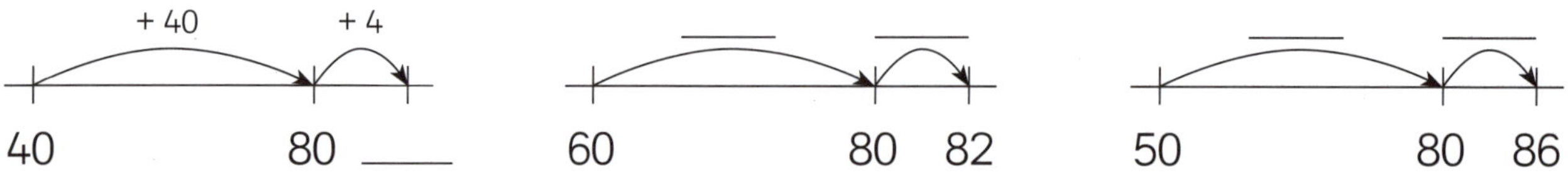

40 + 44 = ____________ ____________ ____________

5 Welche Minusaufgaben sind es?

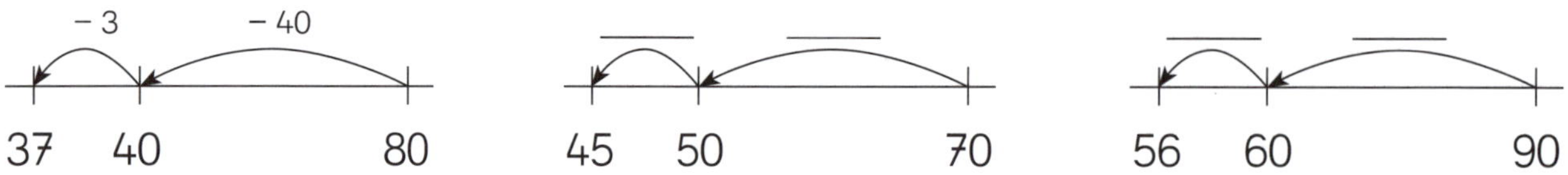

80 − ____________ ____________ ____________

TH S. 31

Plusaufgaben mit Überschreiten

Datum: ____________

1 Schreibe passende Aufgaben dazu.

4 + 8 = ____	6 + 7 = ____	9 + 3 = ____	8 + 6 = ____
14 + 8 = ____	66 + 7 = ____	29 + 3 = ____	78 + 6 = ____
34 + 8 = ____	86 + 7 = ____	____________	____________
____________	____________	____________	____________
____________	____________	____________	____________

2

65 + 7 = ____	87 + 5 = ____	57 + 6 = ____	48 + 4 = ____
65 + 5 = 70	____________	____________	____________
70 + 2 = 72	____________	____________	____________

3 Wie rechnest du diese Aufgaben? Schreibe deinen Rechenweg auf.

49 + 9 = ____	56 + 9 = ____	49 + 8 = ____	78 + 8 = ____
____________	____________	____________	____________
____________	____________	____________	____________

4

73 + 9 = 82	27 + 4 = ____	56 + 5 = ____	45 + 8 = ____
48 + 5 = ____	85 + 7 = ____	64 + 8 = ____	77 + 7 = ____
36 + 7 = ____	59 + 6 = ____	83 + 9 = ____	68 + 6 = ____

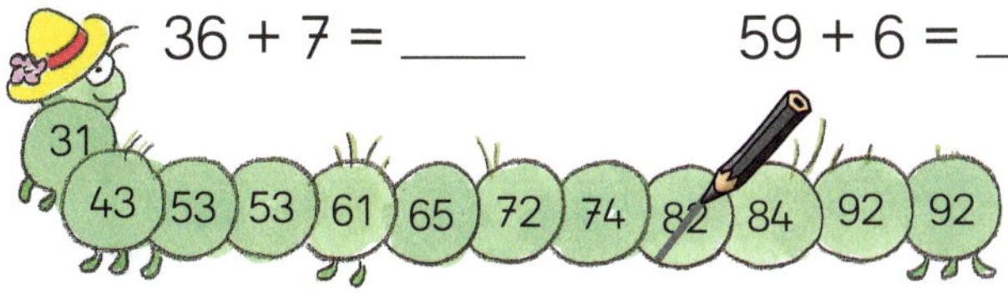

5

64 + 7 | 83 + 8 | 91 | 74 | 45 + 7 | 45

62 | 46 + 5 | 71 | 51 | 58 + 4 | 67 + 7 | 38 + 7 | 52

6

+	5		7
47			
67		76	
87			

+			
29			35
87		95	
56	60		

+			
69	78		
77		80	
38			44

TH S. 32

4 Lösungszahlen in der Raupe durchstreichen.
6 ICH-DU-WIR: Wie rechnest du?

Minusaufgaben mit Überschreiten

Datum: ____________

1 Schreibe passende Aufgaben dazu.

12 – 9 = ___	13 – 5 = ___	15 – 8 = ___	11 – 7 = ___
52 – 9 = ___	43 – 5 = ___	25 – 8 = ___	31 – 7 = ___
72 – 9 = ___	63 – 5 = ___	______	______
______	______	______	______
______	______	______	______

2

54 – 7 = ___	82 – 5 = ___	96 – 8 = ___	75 – 6 = ___
54 – 4 = 50	______	______	______
50 – 3 = 47	______	______	______

3 Wie rechnest du diese Aufgaben? Schreibe deinen Rechenweg auf.

41 – 9 = ___	63 – 9 = ___	72 – 8 = ___	34 – 8 = ___
______	______	______	______
______	______	______	______

4

52 – 7 = 45	45 – 8 = ___	32 – 6 = ___	95 – 7 = ___
85 – 6 = ___	61 – 3 = ___	76 – 7 = ___	44 – 9 = ___
94 – 9 = ___	73 – 5 = ___	57 – 9 = ___	84 – 8 = ___

5

62 – 4 | 57 – 8 | 58 | 75 | 84 – 7 | 37 | 85
76 – 8 | 68 | 49 | 81 – 6 | 77 | 45 – 8 | 93 – 8

6

–	5	9	
43			
63			
83			75

–			
71	67		
93		85	
54			48

–			
81			75
52		49	
61	52		

TH S. 33

4 Lösungszahlen in der Raupe durchstreichen.
6 ICH-DU-WIR: Wie rechnest du?

Datum: ______

1 Welche Aufgaben hat Flo gerechnet?

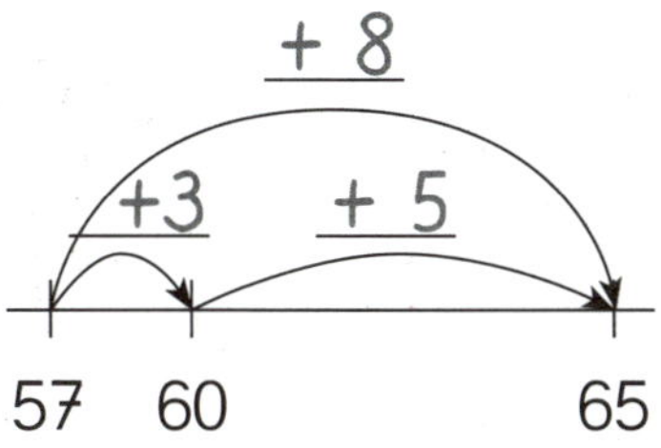

57 + ____ = 65

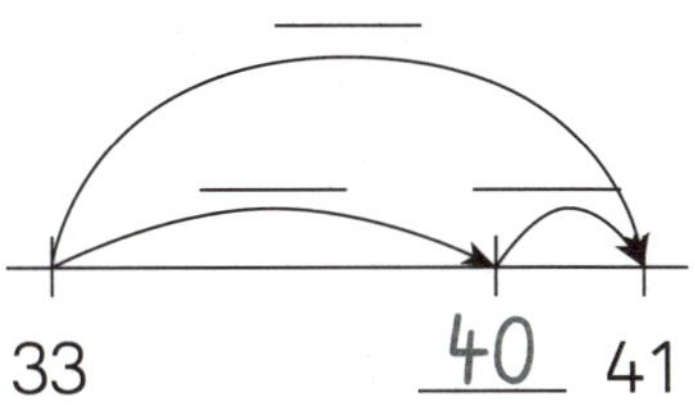

33 + ____ = 41

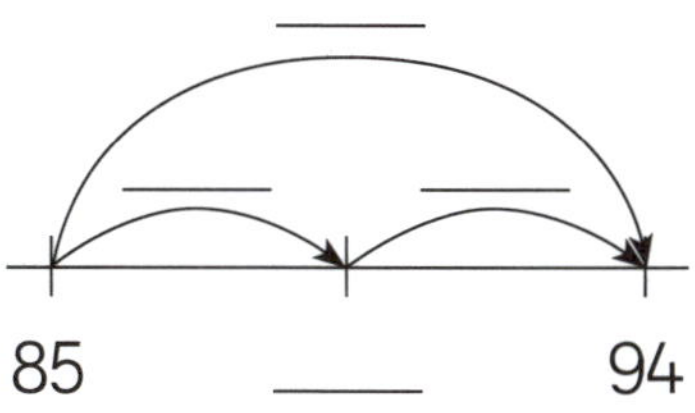

85 + ____ = 94

2 Zeichne deinen Rechenweg.

82 + ____ = 91

82

75 + ____ = 83

75

48 + ____ = 55

48

3

45 + ____ = 51	89 + ____ = 94	77 + ____ = 86	56 + ____ = 62
39 + ____ = 45	48 + ____ = 52	34 + ____ = 41	29 + ____ = 38
67 + ____ = 71	17 + ____ = 22	26 + ____ = 35	75 + ____ = 84

4 Welche Aufgaben hat Flex gerechnet?

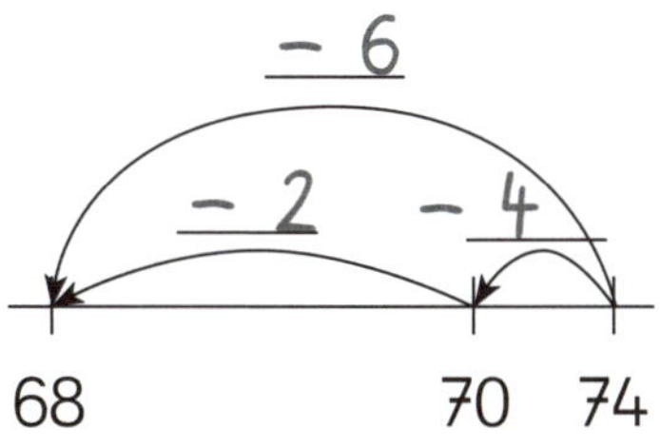

74 − ____ = 68

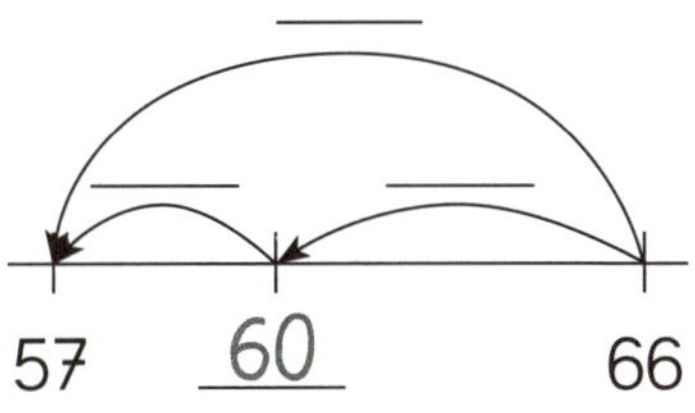

66 − ____ = 57

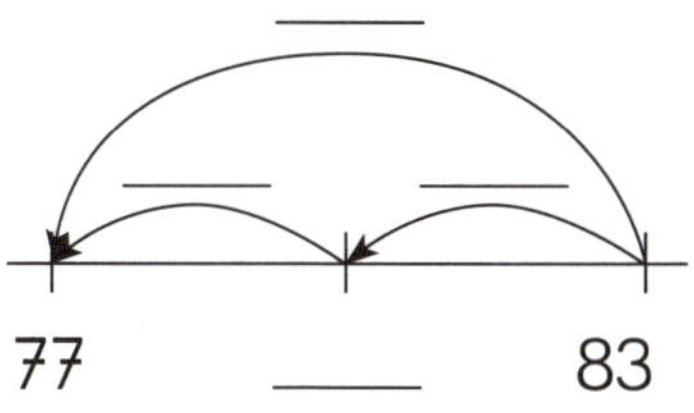

83 − ____ = 77

5 Zeichne deinen Rechenweg.

51 − ____ = 44

51

32 − ____ = 26

32

94 − ____ = 89

94

6

32 − ____ = 28	44 − ____ = 36	96 − ____ = 89	56 − ____ = 47
83 − ____ = 76	51 − ____ = 47	78 − ____ = 69	94 − ____ = 88
55 − ____ = 48	62 − ____ = 54	24 − ____ = 18	33 − ____ = 27

TH S. 36

Datum: ____________

1 Schreibe die fehlenden Zahlen in die Tabelle. Schreibe die Rechnungen ins Heft.

In den Ferien machen 44 Kinder ein Schwimmabzeichen.

	1. Woche	2. Woche	3. Woche
Mädchen	11		4
Jungen			
zusammen			

a) In der 1. Woche bekommen 25 Kinder ein Abzeichen.

b) In der 2. Woche bekommen 9 Kinder ein Abzeichen. Vier davon sind Jungen.

c) Wie viele Kinder haben in der 3. Woche ihre Prüfung geschafft? Wie viele Jungen waren es?

d) Insgesamt haben ____ Mädchen und ____ Jungen ein Abzeichen bekommen.

2

Besucher im Freibad

	Montag	Dienstag	Mittwoch	Donnerstag	Freitag	Sa
Erwachsene	67	67		87		
Jungen			81	52		
Mädchen	41					

Ergänze die fehlenden Zahlen in der Tabelle. Schreibe die Rechnungen ins Heft.

a) Am Mittwoch waren 15 Erwachsene weniger im Bad als am Donnerstag. Am Freitag waren 10 Erwachsene mehr im Bad als am Donnerstag.

b) Am Montag waren 47 Jungen im Bad, am Dienstag waren es acht mehr.

c) Am Dienstag waren es 20 Mädchen mehr als am Montag. Am Mittwoch waren doppelt so viele Mädchen im Bad wie am Montag.

d) Am Donnerstag waren insgesamt 94 Kinder im Bad.

e) Am Freitag waren insgesamt genau so viele Kinder im Bad wie am Montag. Es waren genau so viele Jungen wie Mädchen dort.

TH S. 37

Mit zweistelligen Zahlen rechnen

Datum: ________

1

68 + 21 = ____ 13 + 76 = ____ 24 + 24 = ____ 55 + 34 = ____

17 + 32 = ____ 31 + 48 = ____ 44 + 44 = ____ 77 + 22 = ____

23 + 43 = ____ 65 + 31 = ____ 33 + 33 = ____ 78 + 11 = ____

2

+	45	32	51
24			
33			
41			

+	11	22	33
45			
52			
66			

+	21	12	13
53			
70			
27			

3 Setze fort. Ergänze die Begründung.

31 + 67 = ____

42 + 56 = ____

53 + 45 = ____

64 + ________

____

____

Das Ergebnis ist immer ________,
weil die erste Zahl immer ________
und die zweite Zahl immer ________.

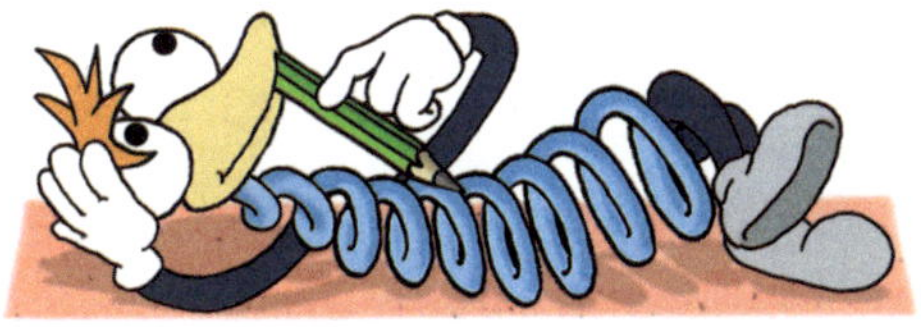

4

64 − 31 = ____ 66 − 33 = ____ 75 − 25 = ____ 45 − 23 = ____

54 − 22 = ____ 44 − 22 = ____ 57 − 34 = ____ 56 − 34 = ____

37 − 25 = ____ 88 − 44 = ____ 56 − 41 = ____ 87 − 55 = ____

5

−	55	21	43
86			
78			
97			

−	34	22	53
69			
85			
77			

−	48	37	26
99			
79			
59			

6

84 − 23 = ____

85 − 24 = ____

86 − 25 = ____

87 − ________

____

____

Ergänze die Begründung.
Das Ergebnis ist immer ________,
weil die erste Zahl immer ________
und die zweite Zahl immer ________.

Plusaufgaben mit zweistelligen Zahlen

Datum: ____________

1 Wie löst Flex die Aufgaben? Schreibe seine Rechenschritte auf.

47 + 18 = ____
47 + 10 =
____

36 + 35 = ____
____
____

67 + 27 = ____
____
____

2 Wie löst Flo die Aufgaben? Ergänze die Zahlen am Rechenstrich.

25 + 57 = ____

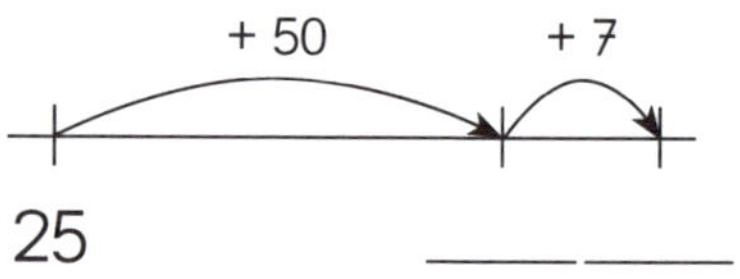

56 + 35 = ____

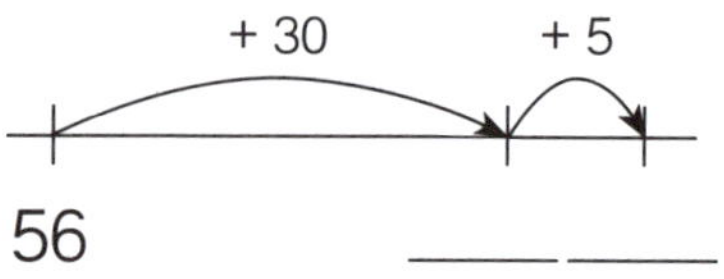

46 + 28 = ____

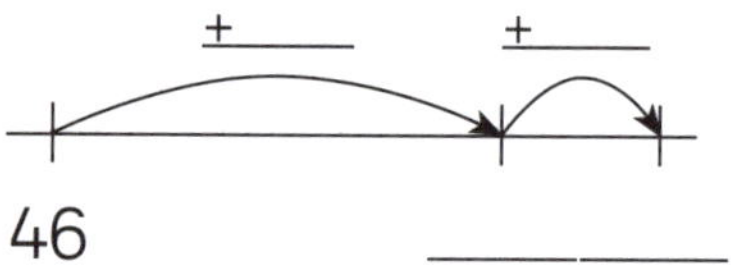

3 Rechne auf deinem Weg.

24 + 17 = ____

38 + 26 = ____

57 + 18 = ____

29 + 35 = ____

4

68 + 24 = ____

76 + 15 = ____

64 + 27 = ____

22 + 19 = ____

5

+	46	28	37
27			
39			
45			

+	18	27	39
56			
48			
34			

+	46	55	38
17			
25			
38			

6 Setze fort.

65 + 26 = ____
55 + 26 = ____
45 + 26 = ____
35 +
____

37 + 16 = ____
37 + 26 = ____
37 + 36 = ____
____
____

66 + 15 = ____
56 + 25 = ____
46 + 35 = ____
____
____

28 + 64 = ____
38 + 54 = ____
48 + 44 = ____
____
____

Minusaufgaben mit zweistelligen Zahlen

Datum: ______

1 Wie löst Flex die Aufgaben? Schreibe seine Rechenschritte auf.

84 – 36 = ____ | 91 – 47 = ____ | 66 – 48 = ____

84 – 30 =

2 Wie löst Flo die Aufgaben? Ergänze die Zahlen am Rechenstrich.

82 – 57 = ____

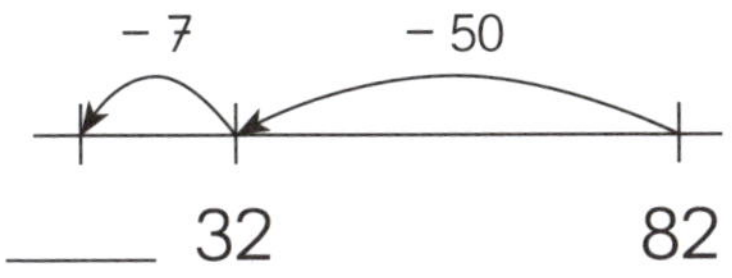

56 – 28 = ____

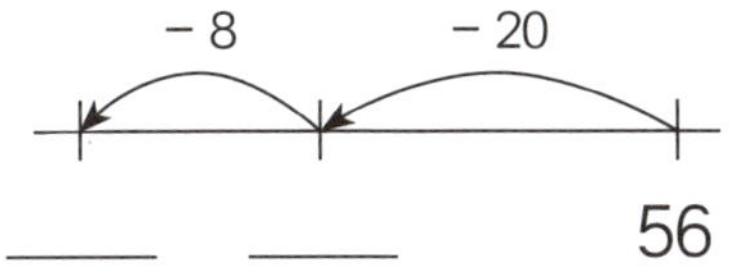

73 – 55 = ____

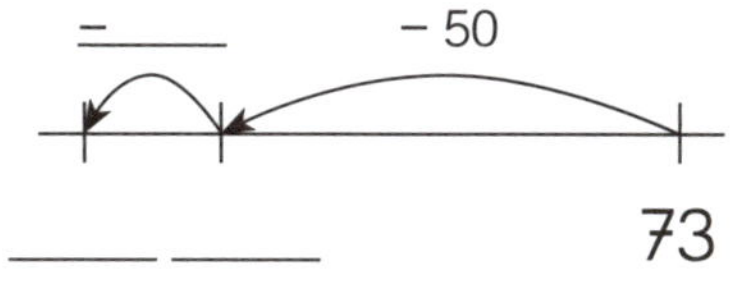

3 Rechne auf deinem Weg.

85 – 36 = ____ | 77 – 38 = ____ | 61 – 13 = ____ | 96 – 47 = ____

4 74 – 35 = ____ | 94 – 47 = ____ | 45 – 27 = ____ | 62 – 23 = ____

5

–	58	46	29
81			
94			
62			

–	39	27	18
53			
76			
95			

–	15	25	35
92			
71			
43			

6 Setze fort.

93 – 25 = ____
83 – 25 = ____
73 – 25 = ____
63 –

84 – 27 = ____
84 – 37 = ____
84 – 47 = ____

55 – 16 = ____
65 – 26 = ____
75 – 36 = ____

82 – 67 = ____
72 – 57 = ____
62 – 47 = ____

TH S. 48-49

Datum: ____________

1 Male die Lösungen in der angegebenen Farbe an.

orange	gelb	orange	gelb
41 + ____ = 70	99 − ____ = 78	36 + ____ = 83	72 − ____ = 44
19 + ____ = 52	61 − ____ = 29	73 − ____ = 39	53 − ____ = 14
48 + ____ = 93	41 − ____ = 24	9 + ____ = 87	18 + ____ = 93
21 + ____ = 89	99 − ____ = 3	38 + ____ = 90	37 + ____ = 81
27 + ____ = 86	83 − ____ = 6	92 − ____ = 46	29 + ____ = 48
16 + ____ = 71	84 − ____ = 58	54 − ____ = 19	74 − ____ = 17
38 + ____ = 76	83 − ____ = 14	70 − ____ = 48	75 + ____ = 93
49 + ____ = 97	90 − ____ = 19	8 + ____ = 94	96 − ____ = 38
18 + ____ = 55	86 − ____ = 37	63 − ____ = 7	25 + ____ = 91

2 Welche Zahl kann es sein? Bei welcher Aufgabe gibt es nur eine Lösung?

a)	b)	c)	d)
[32] [ ]	[59] [ ]	[21] [ ]	[70] [ ]
Unterschied: 25	Unterschied: 36	Unterschied: 47	Unterschied: 29

3 Flo hat 15 Kekse. Wenn er Flex 3 Kekse gibt, haben beide gleich viele Kekse.

Wie viele Kekse hat Flex? ______________________________

TH S. 51-52

Ungleichungen und Gleichungen

Datum: ____________

1 Färbe die Karten.

Ergebnis größer als 54

44 + 14 | 98 − 43 | 73 − 18
32 + 23 | 86 − 38 | 94 − 40
87 − 39 | 13 + 42 | 27 + 27

Ergebnis kleiner als 61

84 − 30 | 48 + 18 | 95 − 37
96 − 27 | 99 − 38
28 + 24
39 + 23 | 81 − 25 | 29 + 29

2 Schreibe selbst passende Aufgaben.

Ergebnis größer als 90

Ergebnis kleiner als 40

3 Setze ein: <, >, =

32 + 19 ◯ 60	20 ◯ 72 − 48	27 + 26 ◯ 72 − 18
54 + 25 ◯ 79	34 ◯ 63 − 19	47 + 29 ◯ 87 − 38
43 + 34 ◯ 87	45 ◯ 92 − 47	36 + 61 ◯ 66 + 33

4 Welche Zahl musst du einsetzen?

28 + 26 = 27 + ____	75 + 25 = 85 + ____	32 + 58 = 31 + ____
64 + 25 = 65 + ____	68 + 22 = 58 + ____	46 + 45 = 56 + ____
33 + 15 = 34 + ____	56 + 14 = 46 + ____	58 + 23 = 68 + ____

5 Welche Zahl musst du hier einsetzen? Aufgepasst!

40 − 17 = 41 − ____	68 − 32 = 58 − ____	50 − 40 = 51 − ____
56 − 26 = 55 − ____	97 − 48 = 87 − ____	86 − 57 = 96 − ____
88 − 35 = 89 − ____	43 − 12 = 33 − ____	75 − 28 = 76 − ____

TH S. 54

Datum: ___________

1

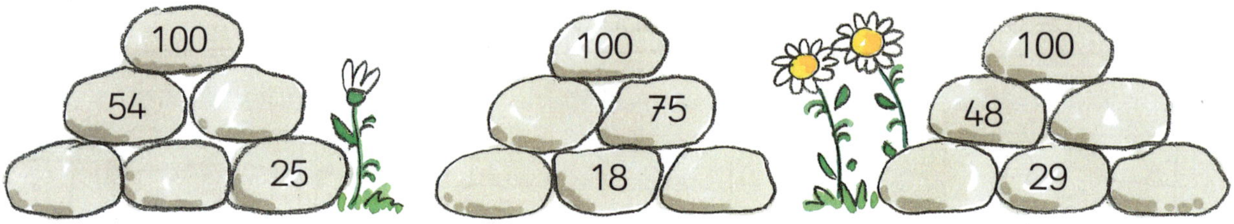

2

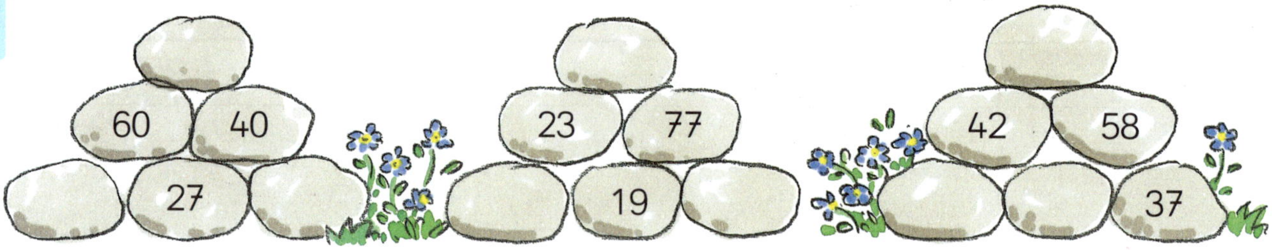

3

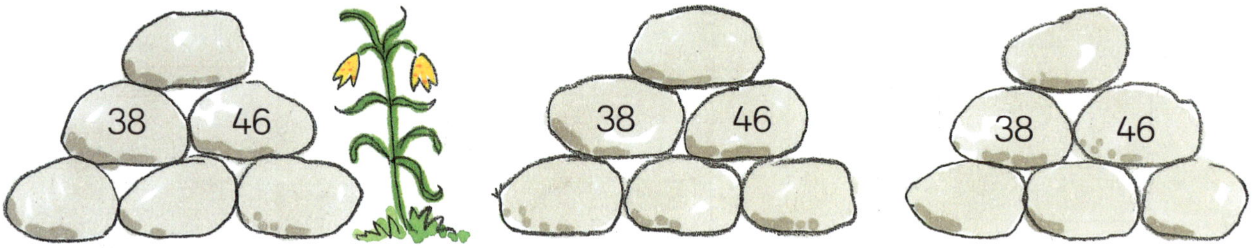

4

5

TH S. 55

3, 4 Verschiedene Lösungen möglich. **5** Eigene Rechenmauern finden.

Plusaufgaben und Malaufgaben

Datum: ____________

1 Schreibe die passende Plusaufgabe und die Malaufgabe auf.

4 + 4 + 4 = ____________

3 · 4 = ____________

____

____

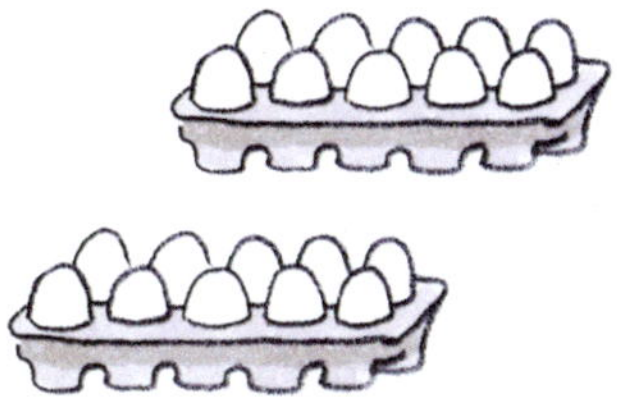

____

____

2 Male ein Bild zu den Aufgaben.

3 + 3 + 3 + 3 = ____________

4 · 3 = ____________

3 + 3 + 3 = ____________

____

____

2 · 2 = ____________

3

5 + 5 + 5 = ____________

____

2 + 2 + 2 + 2 + 2 = ____________

____

____

4 · 6 = ____________

4

5 + 5 + 5 + 5 + 5 = 5 · 5 = ____

4 + 4 + 4 + 4 + 4 + 4 = ____ · ____ = ____

2 + 2 + 2 + 2 + 2 + 2 = ____ · ____ = ____

6 + 6 + 6 + 6 = ____ · ____ = ____

9 + 9 + 9 = ____ · ____ = ____

2 + 2 + 2 = ____ · ____ = ____

0 + 0 + 0 = ____ · ____ = ____

1 + 1 + 1 = ____ · ____ = ____

TH S. 6

Datum: ___________

Verteile gerecht.

1 8 Kekse an 2 Kinder.

8 : 2 = ____

Jeder bekommt ____ Kekse.

8 Kekse an 4 Kinder.

8 : 4 = ____

Jeder bekommt ____ Kekse.

2 ____ Kekse an ____ Kinder.

____ : ____ = ____

Jeder bekommt ____ Kekse.

____ Kekse an ____ Kinder.

____ : ____ = ____

Jeder bekommt ____ Kekse.

____ Kekse an ____ Kinder.

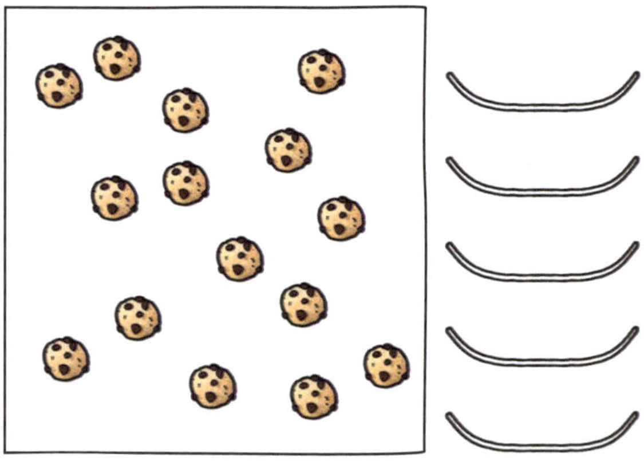

____ : ____ = ____

Jeder bekommt ____ Kekse.

____ Kekse an ____ Kinder.

____ : ____ = ____

Jeder bekommt ____ Kekse.

TH S. 11

Datum: ____________

1

9 Bananen.
Immer 3 Bananen in eine Tüte.

9 : 3 = ____

Es sind ____ Tüten.

10 Äpfel.
Immer 5 Äpfel in eine Tüte.

10 : 5 = ____

Es sind ____ Tüten.

16 Tomaten.
Immer 4 Tomaten in eine Tüte.

16 : ____ = ____

Es sind ____ Tüten.

18 Zitronen.
Immer 6 Zitronen in ein Netz.

18 : ____ = ____

Es sind ____ Netze.

2

Immer 2 Brezeln in eine Tüte.

____ : ____ = ____

Es sind ____ Tüten.

Immer 3 Brezeln in eine Tüte.

____ : ____ = ____

Es sind ____ Tüten.

TH S. 12

Datum: ____________

1 Wie viele Schuhe hat Flo?

   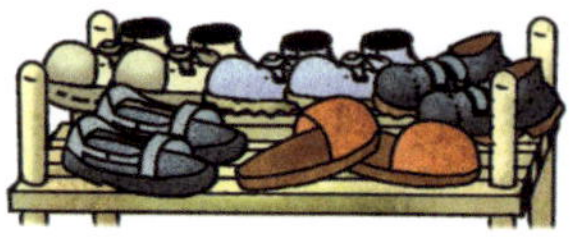

1 · 2 = 2 ____________ ____________ ____________

2 Male ein Bild zu den Aufgaben.

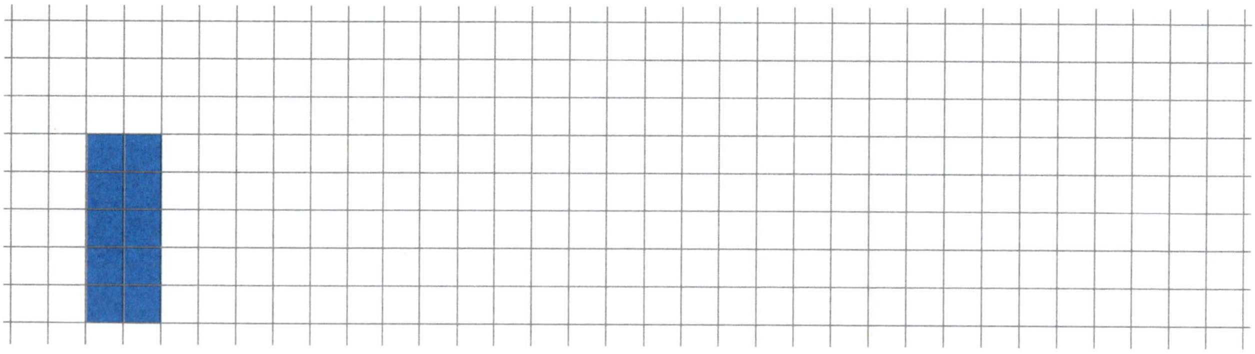

5 · 2   3 · 2   8 · 2   1 · 2   6 · 2   4 · 2

3 Male Aufgabe und Ergebnis mit der gleichen Farbe an.

12 | 0 · 2 | 6 · 2 | 0 | 10 | 20 | 8 · 2 | 10 · 2 | 16 | 5 · 2 | 1 · 2 | 4 | 2 | 2 · 2

4 Welches Ergebnis gehört zu den Aufgaben?
Male in der entsprechenden Farbe an.

Farbe	Zahl	Farbe	Zahl
rot	2	grün	12
gelb	4	rosa	14
hellblau	6	lila	16
braun	8	blau	18
orange	10	dunkelgrün	20

2 · 9 = ____

3 · 2 = ____

2 · 3 = ____

9 · 2 = ____

1 · 2 = ____	8 · 2 = ____
2 · 5 = ____	2 · 7 = ____
4 · 2 = ____	2 · 2 = ____
2 · 8 = ____	6 · 2 = ____
10 · 2 = ____	2 · 10 = ____
2 · 6 = ____	2 · 4 = ____
2 · 2 = ____	5 · 2 = ____
7 · 2 = ____	2 · 1 = ____

TH S. 15

Einmaleins mit 5 und mit 10

Datum: ____________

1

5 · 1 = ____ 5 · 3 = ____ 5 · 5 = ____ 5 · 7 = ____ 5 · 9 = ____

5 · 2 = ____ 5 · 4 = ____ 5 · 6 = ____ 5 · 8 = ____ 5 · 10 = ____

2

10 · 1 = ____ 10 · 3 = ____ 10 · 5 = ____ 10 · 7 = ____ 10 · 9 = ____

10 · 2 = ____ 10 · 4 = ____ 10 · 6 = ____ 10 · 8 = ____ 10 · 10 = ____

3 Aufgabe und Tauschaufgabe

7 · 5	35	5 · 7
3 · 5	15	
	5	
	25	
	50	
	40	
	20	

9 · 10	90	
	70	
	50	
	30	
	10	
	20	
	100	

4 Male Aufgaben mit gleichem Ergebnis mit der gleichen Farbe an.

10 · 5 | 6 · 5 | 40 | 3 · 10 | 4 · 10 | 8 · 5

5 · 10 | 30 | 1 · 10 | 50 | 2 · 5 | 10

5

1	2	3	4	5	6	7	8	9	10
11	12	13	14	15	16	17	18	19	20
21	22	23	24	25	26	27	28	29	30
31	32	33	34	35	36	37	38	39	40
41	42	43	44	45	46	47	48	49	50

TH S. 17

5 Zahlen der Fünfer-Reihe rot, Zahlen der Zehner-Reihe blau einkreisen.
ICH-DU-WIR

Quadratzahlen und Blitzaufgaben

Datum: ____________

1 Schreibe zu den Quadratmustern die Malaufgabe.

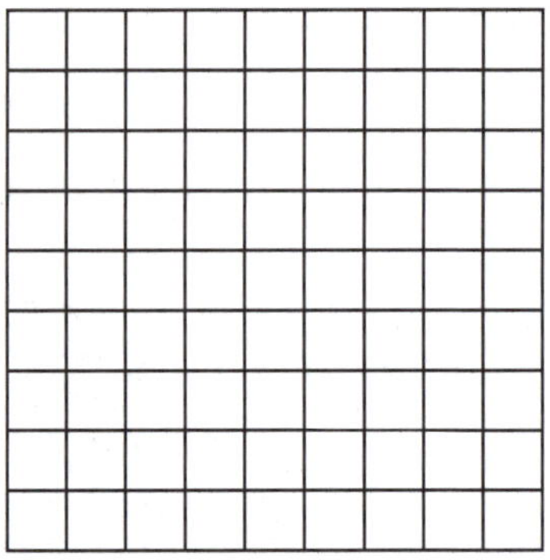

____

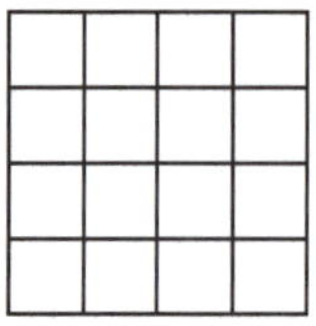

____

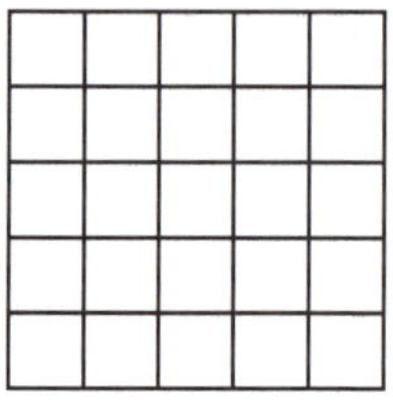

____

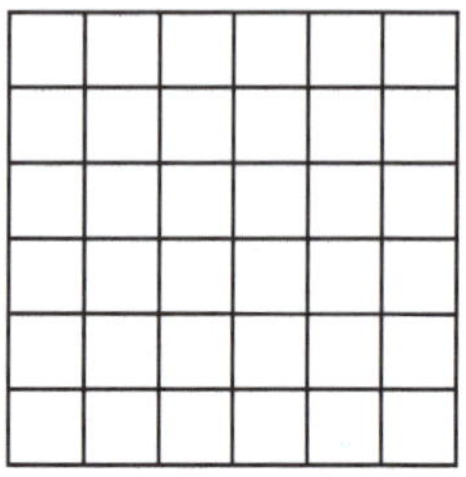

____

2

3 · 3 = ____ 1 · 1 = ____ 7 · 7 = ____ 4 · 4 = ____ 2 · 2 = ____

10 · 10 = ____ 5 · 5 = ____ 9 · 9 = ____ 6 · 6 = ____ 8 · 8 = ____

3

2

1 · 2 = 2
2 · 2 =
3 ·   =

5

10

4

·	5	8	3
2	10		
5			
10			

·	1	7	6
1			
5			
2			

·	9	4	10
5			
2			
10			

TH S. 18-19

Datum: ____________

1 Rechne wie Flo.

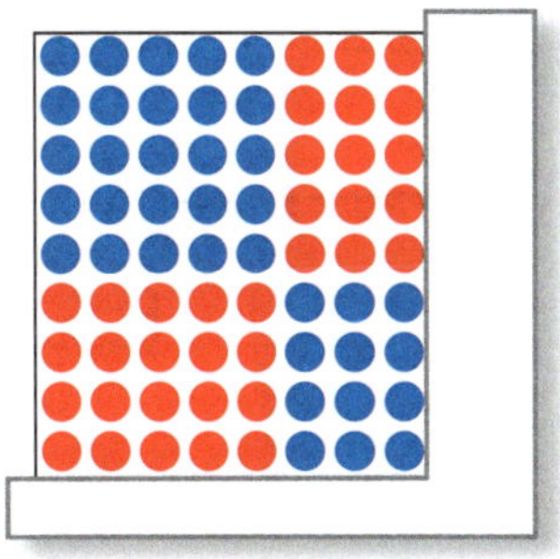

6 · 7 = ____
5 · 7 + 1 · 7 ____________

9 · 8 = ____
____

3 · 9 = ____
____

2

8 · 7 = ____
7 · 7 + ____________

6 · 5 = ____
____

7 · 6 = ____
____

3 Rechne wie Flex.

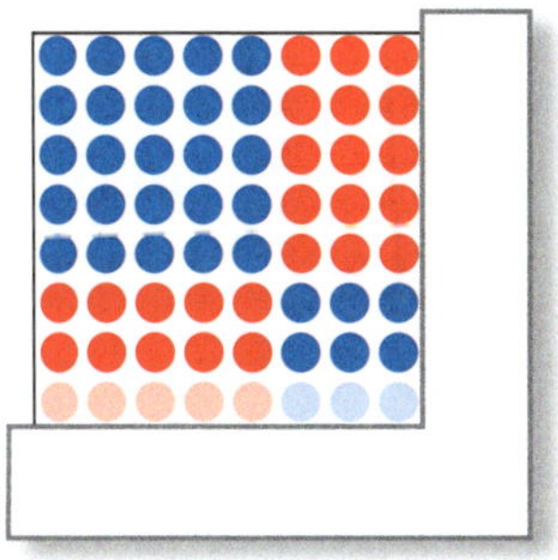

9 · 4 = ____
10 · 4 − 1 · 4 ____________

4 · 7 = ____
____

7 · 8 = ____
____

4

9 · 6 = ____
____

4 · 6 = ____
____

9 · 7 = ____
____

TH S. 21-22

Datum: ____________

Mit Blitzaufgaben rechnen

1 Löse mit den Blitzaufgaben.

6 · 8 = ___	3 · 4 = ___	6 · 3 = ___
5 · 8 + ______	______	______
6 · 7 = ___	4 · 9 = ___	3 · 9 = ___
______	______	______
3 · 7 = ___	3 · 8 = ___	8 · 9 = ___
______	______	______

2 Löse mit der Tauschaufgabe.

2 · 6 = ___	5 · 4 = ___	2 · 9 = ___
6 · 2 = ______	______	______
5 · 9 = ___	5 · 8 = ___	10 · 3 = ___
______	______	______
2 · 7 = ___	5 · 7 = ___	5 · 6 = ___
______	______	______

3 Blitzaufgaben und Nachbaraufgaben.

7 · 6   7 · 8   4 · 3   8 · 7   4 · 9

6 · 9   6 · 3   6 · 6   6 · 7   7 · 7

5 · 9   8 · 8   5 · 3   9 · 8   5 · 6

4

·	4	5	6
2		10	
3			
4			

·	5	4	3
5			
6			
7			

TH S. 22

Datum: ____________

1

$1 \cdot 6 =$ ____________

$2 \cdot 6 = 6 + 6 =$ ____________

____

____

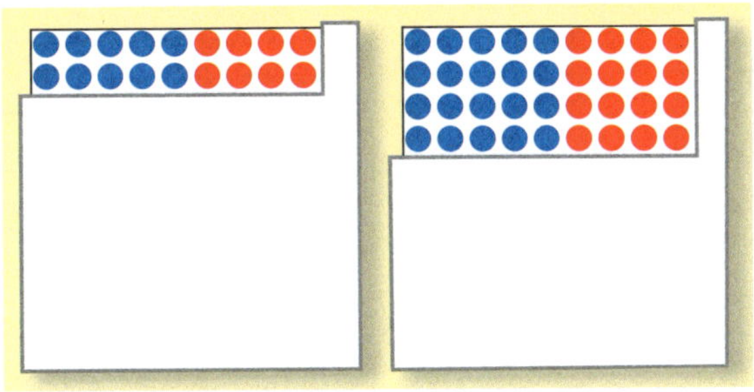

____

____

____

____

2 Immer das Doppelte.

Aufgabe	$2 \cdot 6 = 12$	$3 \cdot 5 =$	$5 \cdot 6 =$	$5 \cdot 8 =$
das Doppelte	$4 \cdot 6 =$			

Aufgepasst!

Aufgabe			$2 \cdot 7 =$	
das Doppelte	$2 \cdot 8 =$	$10 \cdot 4 =$		$2 \cdot 7 =$

3 Aufgepasst!

Aufgabe	$4 \cdot 4 = 16$	$2 \cdot 4 =$	$9 \cdot 2 =$	$7 \cdot 5 =$
das Doppelte	$4 \cdot 8 = 32$	$2 \cdot 8 =$	$9 \cdot 4 =$	$7 \cdot 10 =$

Aufgabe	$2 \cdot 3 = 6$	$4 \cdot 5 =$	$8 \cdot 5 =$	$6 \cdot 1 =$
das Doppelte	$2 \cdot 6 =$			

TH S. 23

Blitzaufgaben und andere Malaufgaben

Datum: ____________

1 Löse mit den Blitzaufgaben.

a)
$4 \cdot 3 =$ ___
$3 \cdot 3 +$ ___
$6 \cdot 3 =$ ___
$7 \cdot 3 =$ ___
$8 \cdot 3 =$ ___
$9 \cdot 3 =$ ___

b)
$3 \cdot 4 =$ ___
$6 \cdot 4 =$ ___
$7 \cdot 4 =$ ___
$8 \cdot 4 =$ ___
$9 \cdot 4 =$ ___

c)
$3 \cdot 6 =$ ___
$4 \cdot 6 =$ ___
$7 \cdot 6 =$ ___
$8 \cdot 6 =$ ___
$9 \cdot 6 =$ ___

d)
$3 \cdot 8 =$ ___
$4 \cdot 8 =$ ___
$6 \cdot 8 =$ ___
$7 \cdot 8 =$ ___
$9 \cdot 8 =$ ___

e)
$3 \cdot 9 =$ ___
$4 \cdot 9 =$ ___
$6 \cdot 9 =$ ___
$7 \cdot 9 =$ ___
$8 \cdot 9 =$ ___

f)
$3 \cdot 7 =$ ___
$4 \cdot 7 =$ ___
$6 \cdot 7 =$ ___
$8 \cdot 7 =$ ___
$9 \cdot 7 =$ ___

TH 24-26

Malaufgaben – Übungen

Datum: ____________

1 Male die Lösungen in der angegebenen Farbe an.

blau	gelb	grün	braun
8 · 3 = ____	2 · 7 = ____	7 · 7 = ____	7 · 10 = ____
5 · 9 = ____	5 · 5 = ____	8 · 6 = ____	8 · 8 = ____
9 · 7 = ____	8 · 2 = ____	4 · 9 = ____	2 · 3 = ____
2 · 4 = ____	6 · 3 = ____	6 · 6 = ____	1 · 1 = ____
1 · 8 = ____	9 · 8 = ____	2 · 2 = ____	9 · 0 = ____
3 · 5 = ____	3 · 3 = ____	5 · 2 = ____	10 · 8 = ____
2 · 6 = ____	4 · 4 = ____	4 · 5 = ____	5 · 6 = ____
5 · 3 = ____	3 · 9 = ____	10 · 10 = ____	10 · 6 = ____
7 · 3 = ____	7 · 5 = ____	9 · 9 = ____	5 · 8 = ____

2

·		6	9
2	6		
5			
			90

·			8
			16
4		16	
8	72		

·		4	8
7	14		
		4	
9			

TH S. 27

Geteiltaufgaben

Datum: ______

1

5 · 6 = ___
___ : 6 = ___

5 · 7 = ___
___ : 7 = ___

4 · 2 = ___
___ : 2 = ___

6 · 6 = ___
___ : 6 = ___

4 · 5 = ___
___ : 5 = ___

10 · 4 = ___
___ : 4 = ___

2

6 · 4 = 24	4 · 2 = ___	2 · 9 = ___	5 · 7 = ___
24 : 6 = ___	___ : 4 = ___	___ : 2 = ___	___ : 5 = ___
24 : 4 = ___	___ : 2 = ___	___ : 9 = ___	___ : 7 = ___

3

___ · ___ = ___	___ · ___ = ___	___ · ___ = ___	___ · ___ = ___
______	______	______	______
______	______	______	______

4 Male gleiche Ergebnisse mit gleicher Farbe an: 5 6

15 : 3 = ___
25 : 5 = ___
12 : 2 = ___
6 : 1 = ___
30 : 5 = ___
40 : 8 = ___
30 : 6 = ___
20 : 4 = ___
36 : 6 = ___
60 : 10 = ___

5

:	5	10	2
10			
20			
30			

:	2	6	3
6			
12			
18			

6 Rechne. Was fällt dir auf?

20 : 2 = ___
20 : 4 = ___

40 : 4 = ___
40 : 8 = ___

20 : 5 = ___
20 : 10 = ___

12 : 3 = ___
12 : 6 = ___

Das Ergebnis ______________________

TH S. 31

3 Eigene Aufgaben wie in Aufgabe 2 schreiben. 6 Gesetzmäßigkeit notieren.

Aufgabenfamilien

Datum: ____________

1

45

5 | 9

$5 \cdot 9 = 45$	$45 : 9 =$ ____
$9 \cdot 5 =$ ____	$45 : 5 =$ ____

80

8 | 10

2

40

 | 5

20

5 |

21

30

3

4 Kleine Häuser. Welche findest du?

 | 7

81

TH S. 32

3, 4 Eigene Aufgabenfamilien finden.

Datum: ____________

1

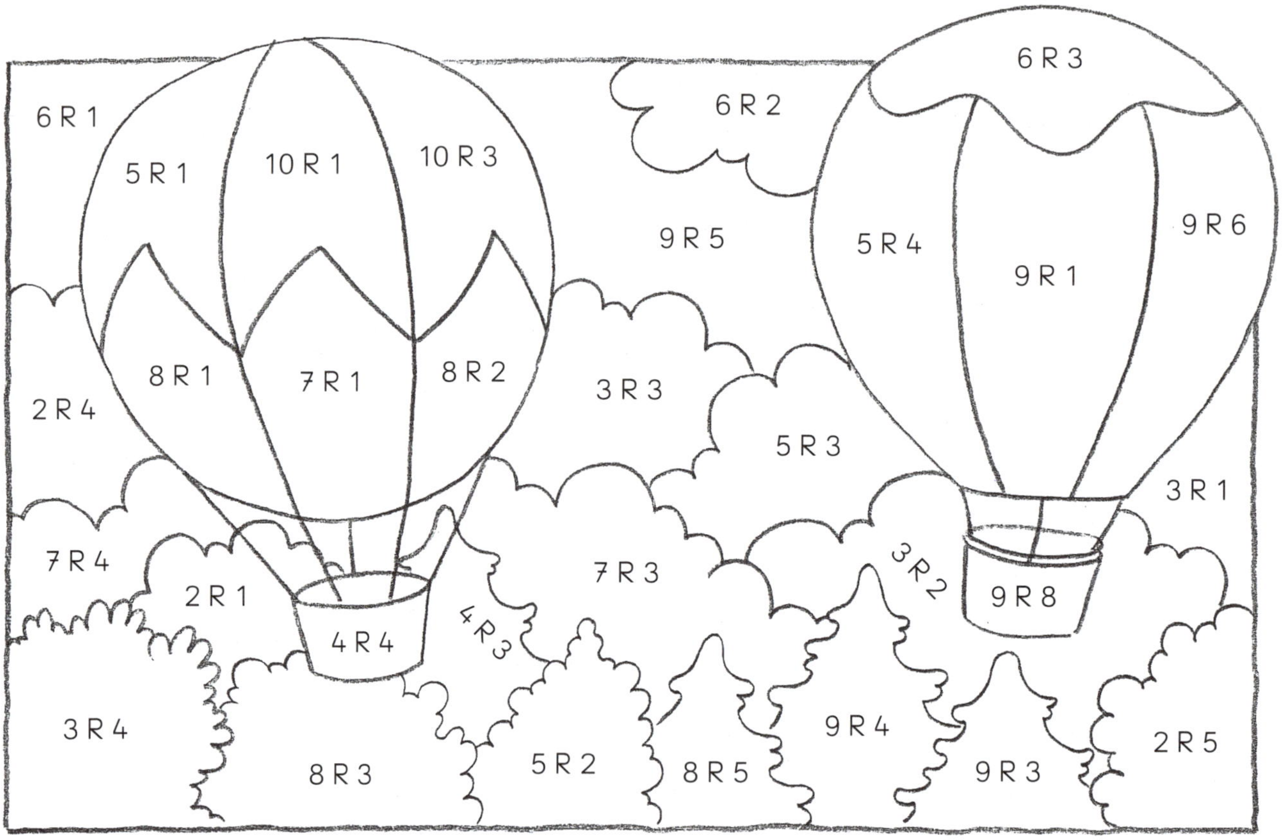

gelb	blau	grün	rot
34 : 6 = ___ R ___	18 : 7 = ___ R ___	69 : 8 = ___ R ___	89 : 9 = ___ R ___
42 : 5 = ___ R ___	23 : 4 = ___ R ___	17 : 6 = ___ R ___	36 : 5 = ___ R ___
69 : 7 = ___ R ___	59 : 6 = ___ R ___	43 : 5 = ___ R ___	39 : 6 = ___ R ___
24 : 5 = ___ R ___	16 : 5 = ___ R ___	84 : 9 = ___ R ___	46 : 9 = ___ R ___
17 : 2 = ___ R ___	13 : 2 = ___ R ___	19 : 5 = ___ R ___	19 : 2 = ___ R ___
21 : 2 = ___ R ___	18 : 5 = ___ R ___	17 : 3 = ___ R ___	43 : 4 = ___ R ___

2

a) 24 : 5 = ____________
23 : 5 = ____________
22 : 5 = ____________

b) 20 : 4 = ____________
21 : 4 = ____________
22 : 4 = ____________

c) 30 : 3 = ____________
29 : 3 = ____________
28 : 3 = ____________

3

Welche Aufgaben haben den Rest 1, Rest 2 oder Rest 3?
Bei welchen Aufgaben bleibt kein Rest?

~~65 : 7~~ | 64 : 8 | 31 : 6 | 39 : 6 | 38 : 5 | 52 : 7 | 27 : 5 | 45 : 9 | 82 : 9 | 14 : 4

Rest 0	Rest 1	Rest 2	Rest 3
		65 : 7	

TH S. 33

Datum: ____________

1 Male die Lösungen in der angegebenen Farbe an.

hellblau

9 · 3 = ____
35 + 7 = ____
36 : 6 = ____
39 − 6 = ____
8 · 8 = ____
48 − 39 = ____
2 · 5 = ____
43 + 38 = ____
8 · 5 = ____
48 + 5 = ____
37 + 22 = ____
33 − 3 = ____
3 · 8 = ____
89 − 12 = ____

gelb

2 · 0 = ____
18 + 53 = ____
35 − 19 = ____
0 + 58 = ____
49 : 7 = ____
81 − 9 = ____

dunkelgrün

36 − 4 = ____
18 : 6 = ____
64 + 16 = ____
6 · 6 = ____
49 + 21 = ____
99 − 55 = ____

rot

6 · 10 = ____
18 : 9 = ____
8 + 4 = ____
99 + 1 = ____
73 − 36 = ____
10 · 5 = ____

dunkelblau

2 · 9 = ____
14 + 15 = ____
66 − 20 = ____
24 + 69 = ____
12 : 3 = ____
6 + 5 = ____

hellgrün

7 · 8 = ____
8 · 6 = ____
31 + 0 = ____
96 − 23 = ____
54 − 31 = ____
3 · 7 = ____

rosa

8 + 0 = ____
37 : 37 = ____
25 : 5 = ____
2 · 7 = ____
81 + 8 = ____
16 + 9 = ____

TH S. 36

Links, rechts, oben oder unten

Datum: ____________

1 Male das richtige Feld an: **o**ben **u**nten **l**inks **r**echts.

o	u	l	r

o	u	l	r

o	u	l	r

o	u	l	r

2 Welches Feld ist es?

o	u	l	r

o	u	l	r

o	u	l	r

o	u	l	r

3 Räume neu ein:

- 3 Felder nach rechts
- 4 nach unten, 1 nach links
- 1 Feld nach links
- 1 nach rechts, 3 nach unten
- 3 nach oben, 2 nach links
- 1 nach rechts, 2 nach unten

TH S. 7

Datum: ___________

1 Was stimmt? Kreuze an.

Der Becher steht auf dem Tisch.	☒	Das Kissen liegt auf dem Bett.	☐
Der Tisch steht rechts vom Schrank.	☐	Der Teddy liegt unter dem Bett.	☐
Die Lampe hängt über dem Bett.	☐	Die Schuhe stehen vor dem Bett.	☐
Der Stuhl steht hinter der Tür.	☐	Der Ranzen liegt im Regal.	☐

2 Wo findest du diese Sachen? Ergänze:

vor unter neben hinter zwischen auf

Die Bücher liegen neben dem Regal. Die Lampe steht ________ dem Fenster.

Der Ranzen steht ________ der Tür. Die Puppe sitzt ________ dem Bett.

Der Mülleimer steht ____________ dem Schrank und dem Tisch.

Die Schuhe liegen ________ dem Tisch. Die Decke liegt ________ dem Bett.

3

	Flo	Flex	
unten links			unten links
unten rechts			unten rechts
unten Mitte			unten Mitte
Mitte rechts			Mitte rechts
oben			oben
Mitte links			Mitte links

TH S. 8

Datum: ___________

1 Spanne verschiedene Rechtecke. Zeichne sie ein.

2 Spanne verschiedene Dreiecke. Zeichne.

3 Spanne eine Treppe, einen Drachen und ein Haus. Zeichne.

4 Finde Figuren, die zwei Nägel einschließen. Zeichne.

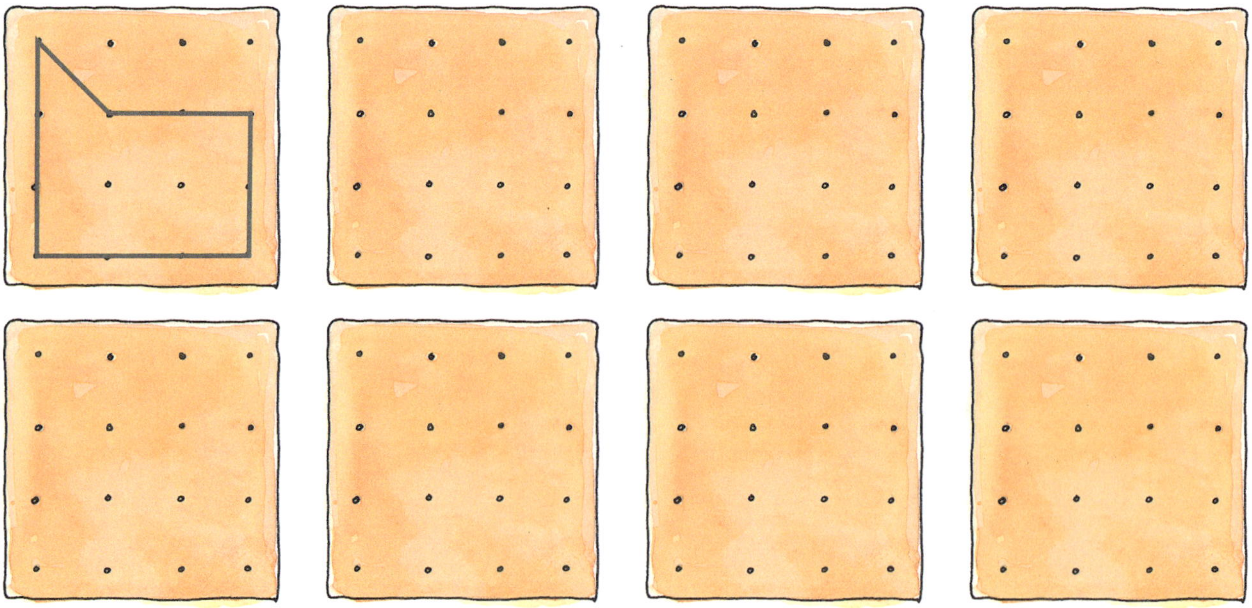

TH S. 11

Zeichnen mit dem Lineal

Datum: ____________

1 a) Zeichne die fehlenden 12 blauen Linien mit dem Lineal ein.

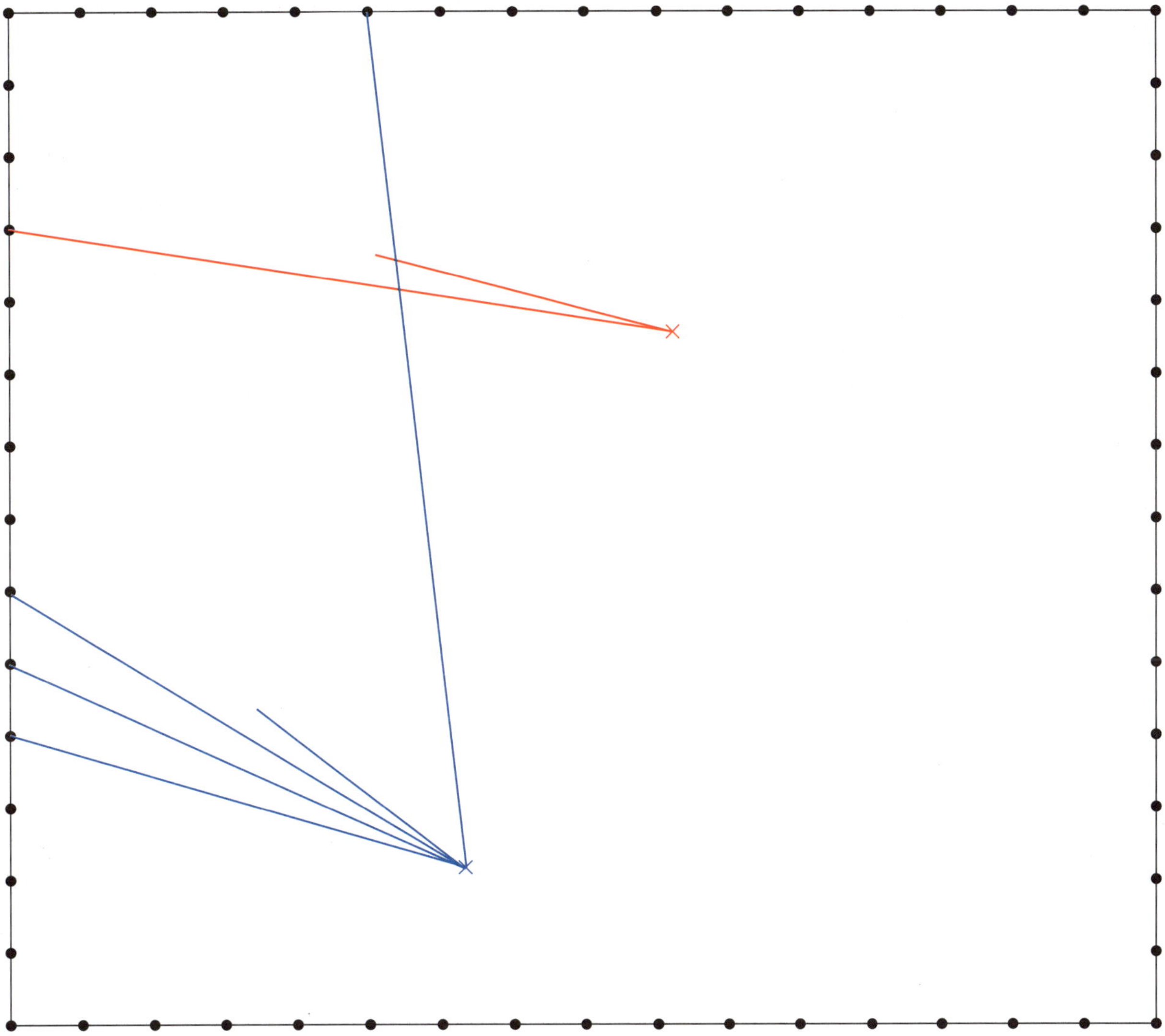

b) Zeichne vom roten Punkt aus einen ähnlichen Fächer wie vom blauen Punkt.
Die Anzahl der Linien kannst du selbst bestimmen.

c) Markiere einen grünen Punkt. Zeichne einen Fächer aus grünen Linien.

2 Verbinde die Punkte mit dem Lineal, jeden Punkt mit jedem anderen.

× ×

× ×

Wie viele Strecken erhältst du? ____ Strecken

TH S. 13

Datum: ____________

1 Zeichne aus freier Hand.

2 a) Zeichne ein großes Quadrat.
Zeichne ein Dreieck in das Quadrat.
Zeichne einen Kreis in das Dreieck.

b) Zeichne drei verschieden große Rechtecke.

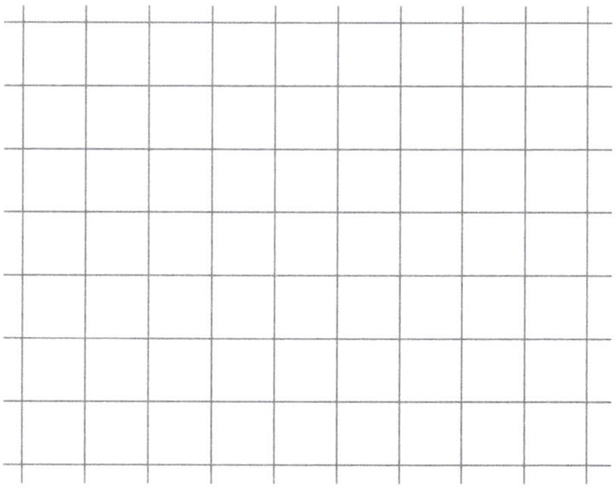

3

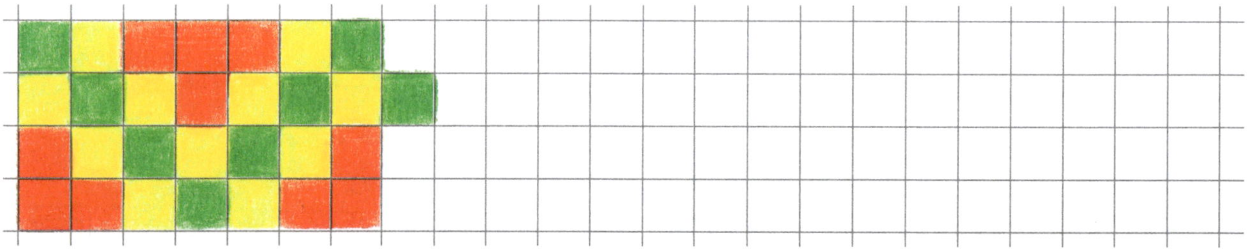

4

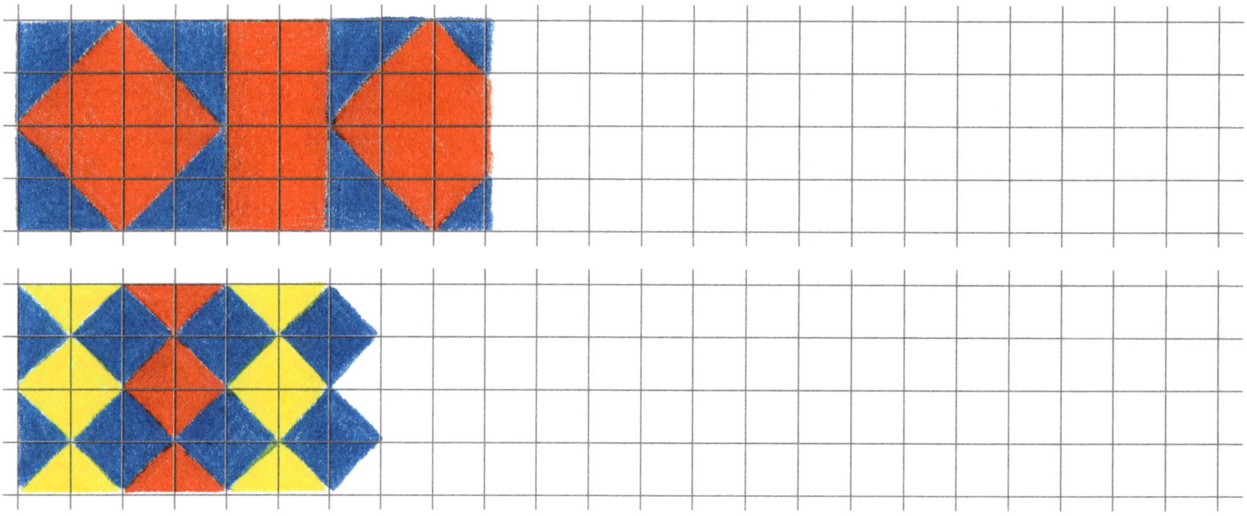

TH S. 13–14

Datum: ____________

1 Färbe die Körperformen.

 grün 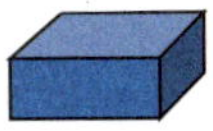 blau  rot 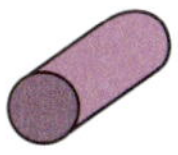 lila

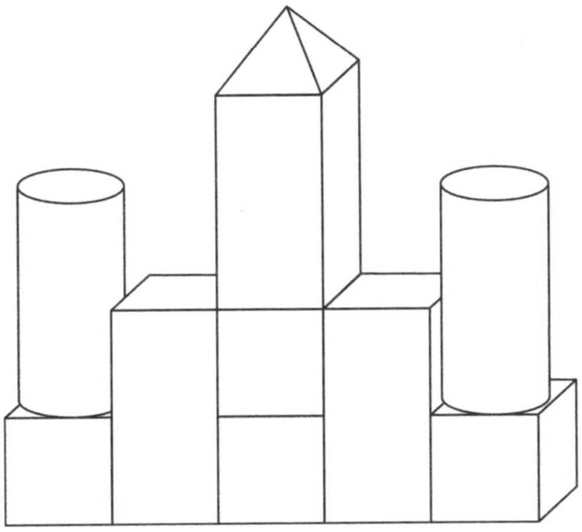

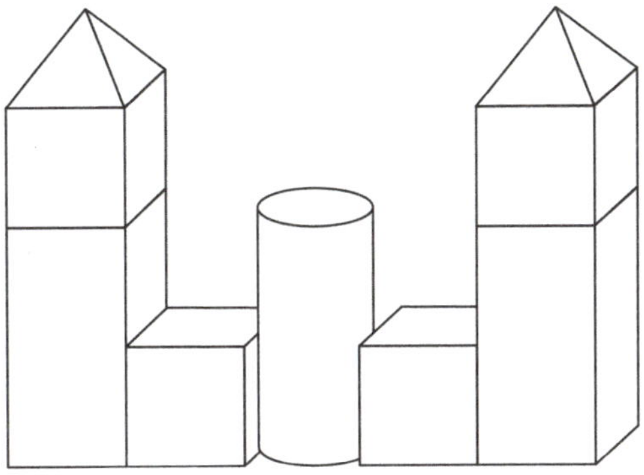

2 Welches Gebäude gehört zu der Tabelle? Kreuze an.

4	3	1	3	1

☐

☐

3 Welche Flächenformen gehören zu welchem Quader und zum Würfel? Färbe passend.

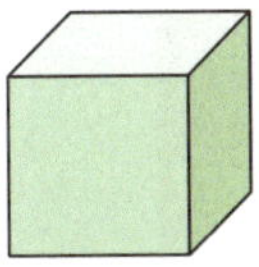

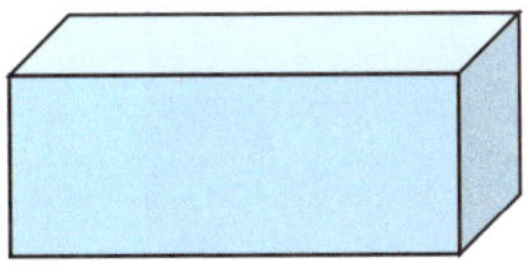

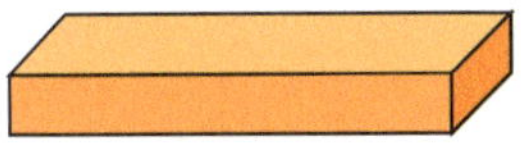

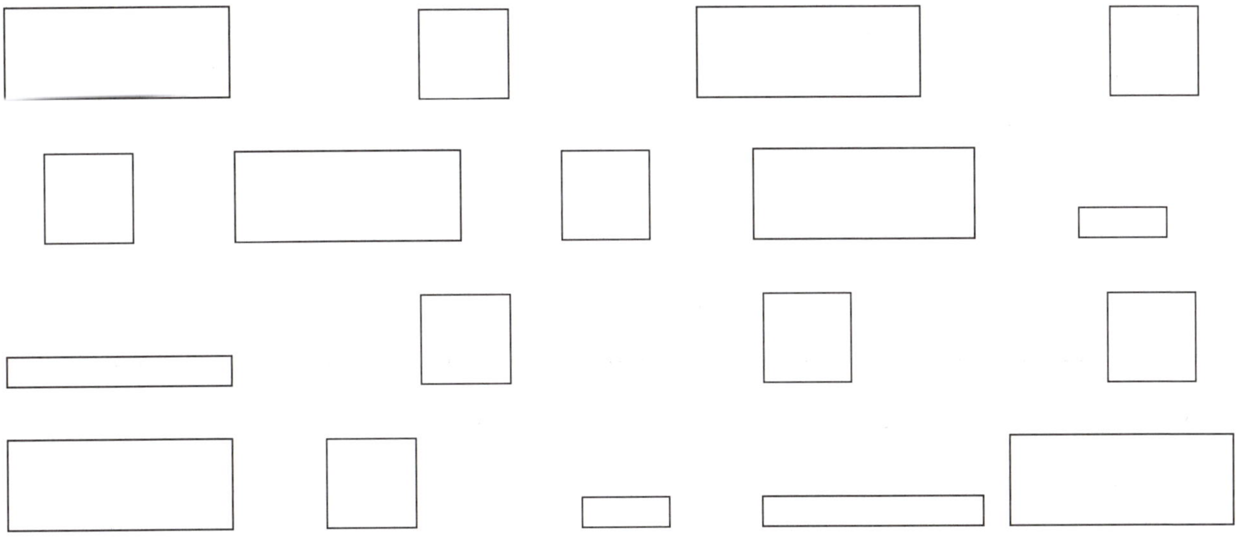

TH S. 15

Achsensymmetrische Figuren

Datum: ____________

1 Diese Dinge haben eine Symmetrieachse. Zeichne sie ein.

2 Manche Dinge haben auch mehrere Symmetrieachsen. Zeichne sie ein.

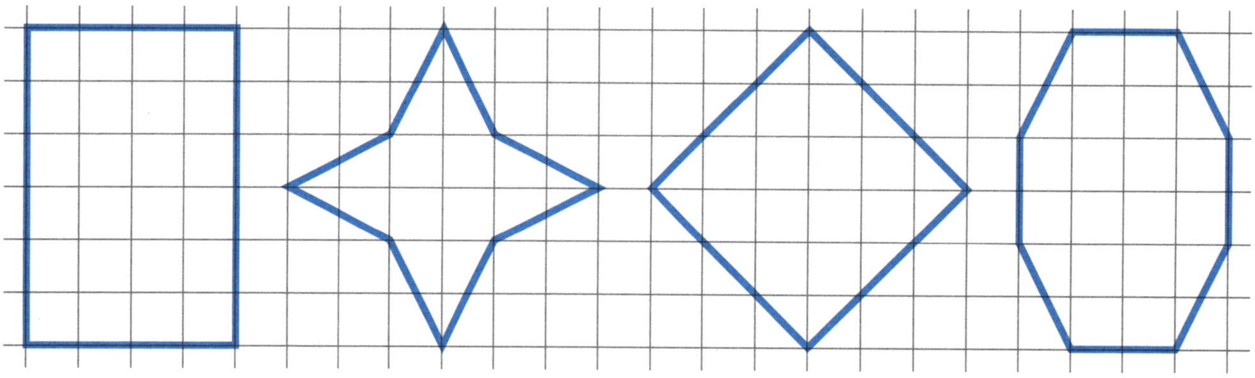

3 Ergänze die Muster achsensymmetrisch.

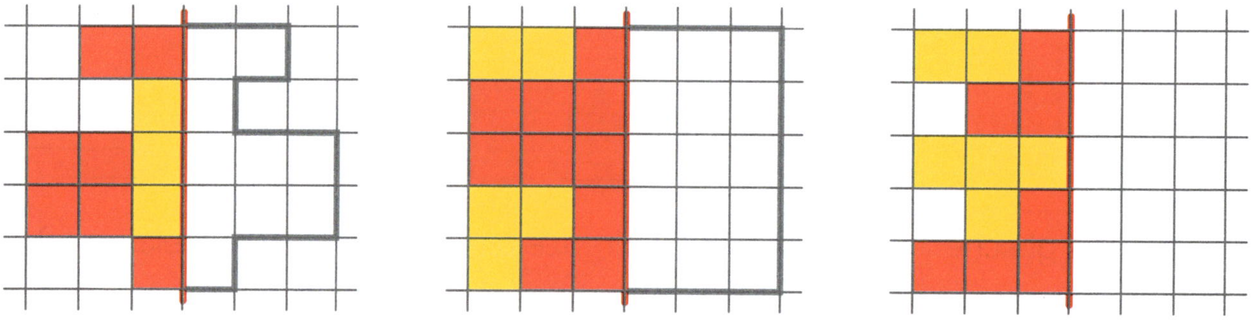

4

TH S. 28-29

Flächeninhalte messen und vergleichen

Datum: ____________

1 Wie viele Daumenabdrücke brauchst du? Welche Fläche ist größer?
Schätze zuerst, dann stemple dicht an dicht.

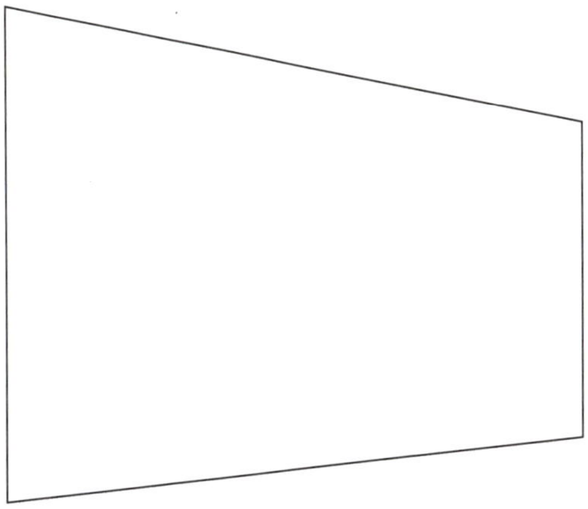

geschätzt: ____  ☐ größer
gezählt: ____ ☐ größer

geschätzt: ____  ☐ größer
gezählt: ____ ☐ größer

2 Finde zwei Figuren. Jede ist drei Plättchen groß. Lege zuerst, dann zeichne.

3 Male gleiche Flächen gleich an. Kreuze alle Figuren an, die gleich groß sind.

A ☐
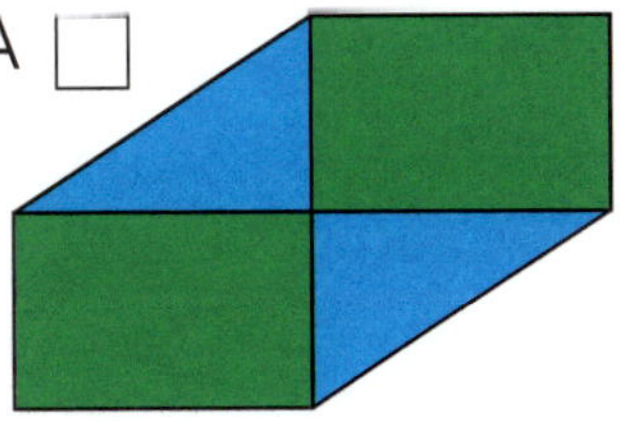

B ☐
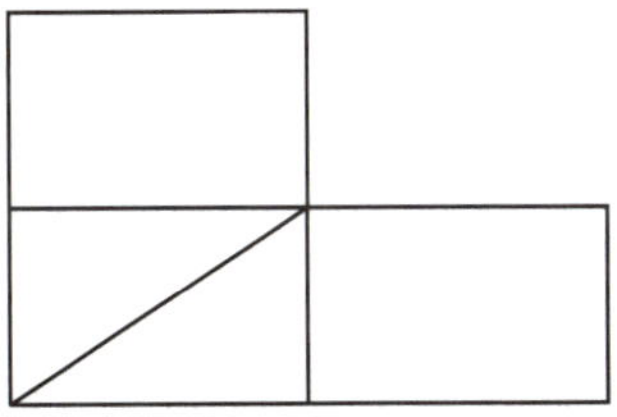

C ☐
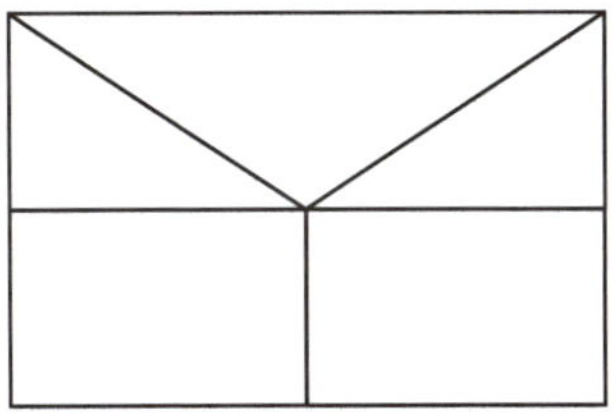

D ☐
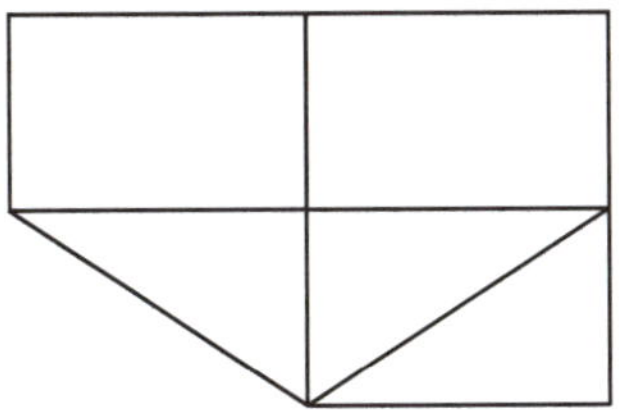

E ☐
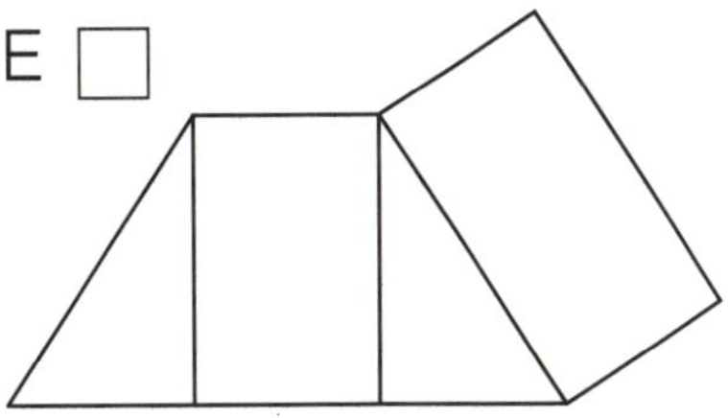

F ☐
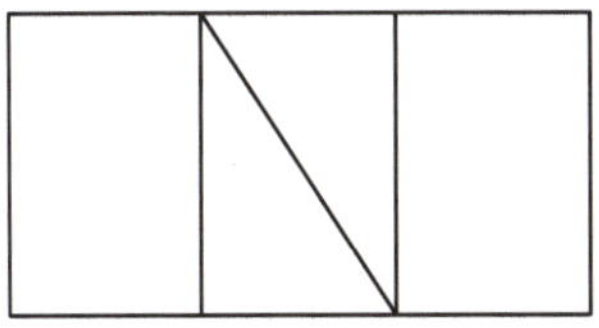

TH S. 30-31

2 Die kleinen Plättchen der Beilage verwenden.

Datum: ____________

1

____ € ____ € ____ €

2 Welche Geldscheine und Münzen sind es?

79 € 74 € 91 €

3

____ € ____ ct ____ € ____ ct ____ € ____ ct

4

____ ct ____ ct ____ ct

5 Immer 1 Euro.

TH S. 7-8

 Datum: ____________

1 a) Wie viel Geld hat jedes Kind? Schreibe in Euro und Cent.

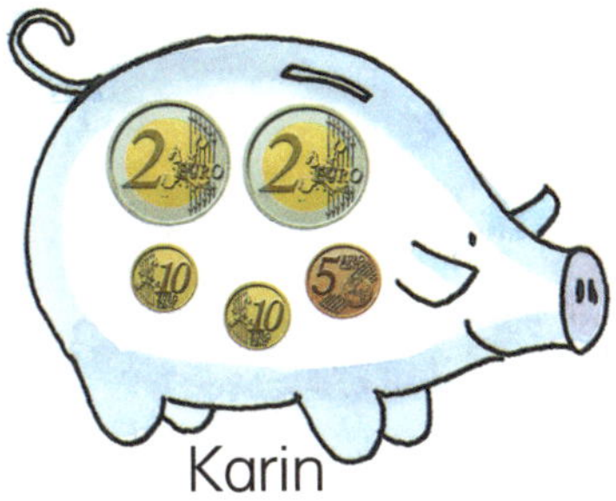

Karin

___ € ____ ct

Jan

___ € ____ ct

Mia

____

Leon

____

b) Was stimmt? Kreuze an.

- ☐ Leon hat das meiste Geld.
- ☐ Mia hat mehr Geld als Karin.
- ☐ Jan hat mehr Geld als Mia.
- ☐ Jan hat 1 € weniger als Leon.

2 Welcher Preis stimmt? Streiche den falschen Preis durch.

49 € 90 ct
~~49 ct~~

25 ct
25 €

95 ct
19 € 50 ct

11 €
11 ct

90 €
9 € 90 ct

30 €
100 ct

TH S. 10–11

Rechnen mit Geld

Datum: ____________

1 Wie viele Euro kostet es zusammen? Schreibe die Aufgabe auf.

4 € + ______________________

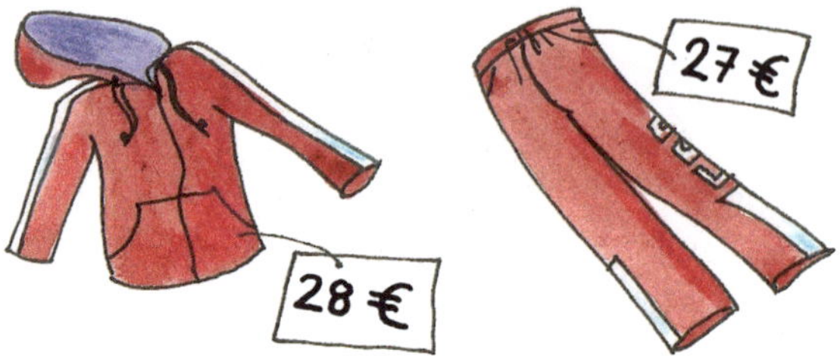

____

2 Wie viele Euro bekommen die Kinder zurück?

Lea hat	Lea kauft	zurück

40 € – ______________________

Kai hat	Kai kauft	zurück

____

3

12 € + 46 € = 58 €
51 € + 24 € = ______
33 € + 42 € = ______

47 € + 18 € = ______
65 € + 27 € = ______
16 € + 59 € = ______

46 € – 25 € = ______
39 € – 18 € = ______
65 € – 40 € = ______

4

40 € – 22 € = 18 €
59 € + ______ = 63 €
27 € + ______ = 47 €

70 € + ______ = 97 €
44 € – ______ = 13 €
35 € + ______ = 72 €

98 € – ______ = 9 €
83 € – ______ = 16 €
37 € + ______ = 74 €

5 Leon kauft zwei Mützen und vier Paar Socken. Er bezahlt 32 €.
Marta kauft zwei Mützen und sechs Paar Socken. Sie bezahlt 40 €.
Wie teuer ist eine Mütze? Wie teuer ist ein Paar Socken?

Eine Mütze kostet ____ €.

Ein Paar Socken kostet ____ €.

TH S. 14-15

5 ICH-DU-WIR: Wie rechnest du?

Zeit – Uhrzeiten ablesen

Datum: ____________

1 Gib beide Uhrzeiten an.

7.00 Uhr

19.00 Uhr

7.05 Uhr

TH S. 17

Zeit – Uhrzeiten

Datum: ____________

1

halb 3

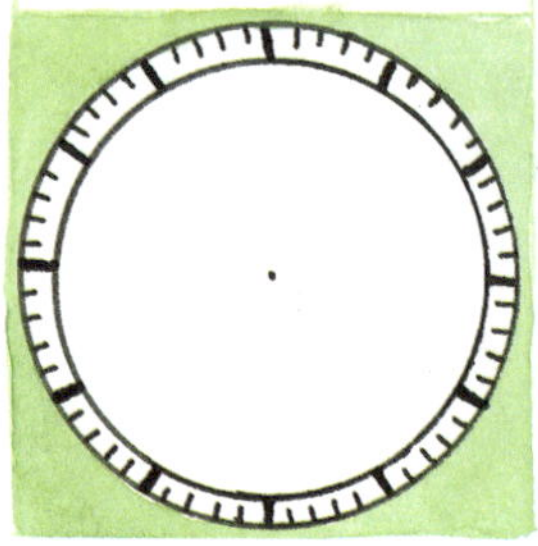

halb 6

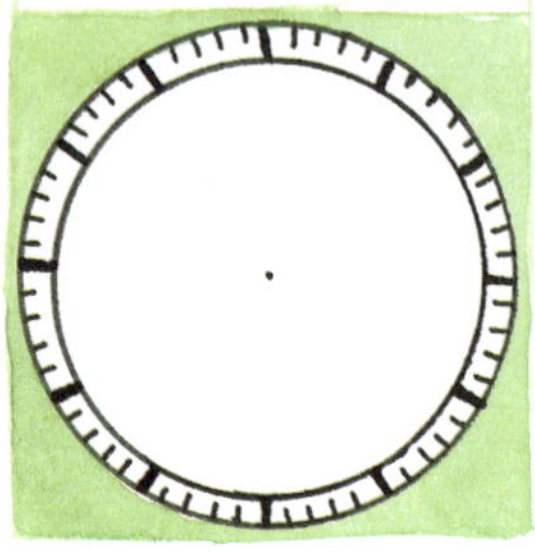

2

6.15 Uhr

13.15 Uhr

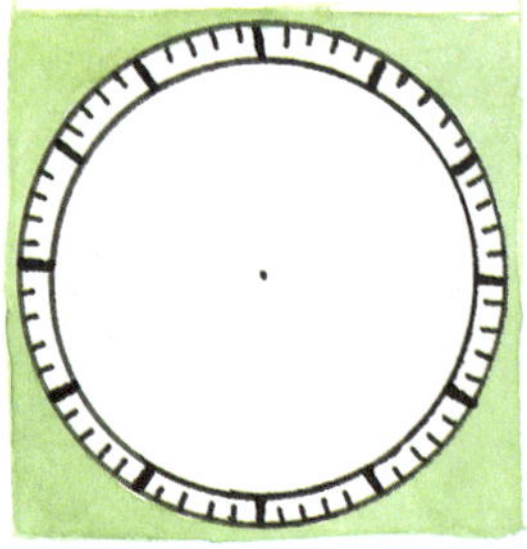

9.15 Uhr

22.15 Uhr

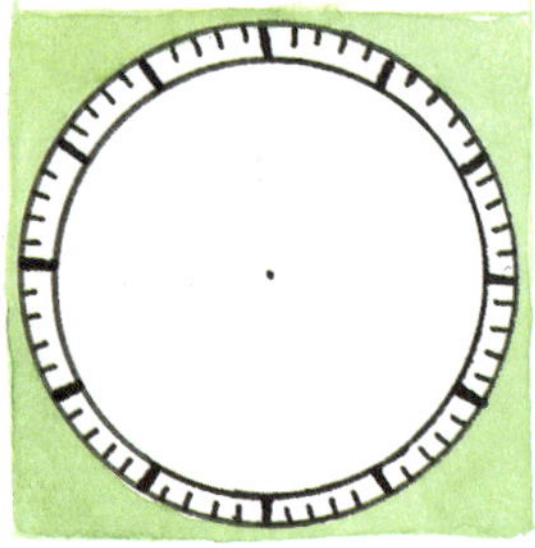

3

10.45 Uhr

3.45 Uhr

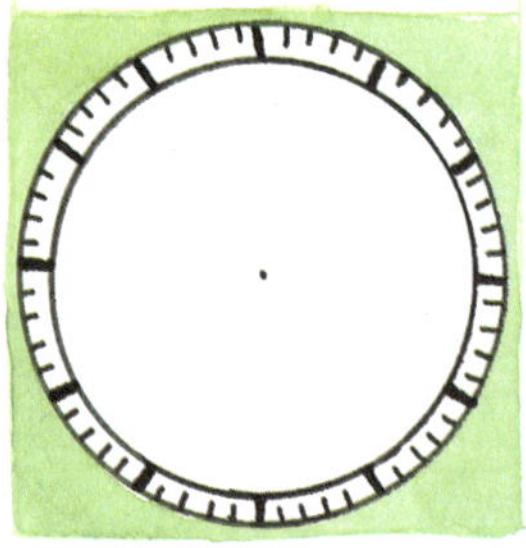

6.45 Uhr

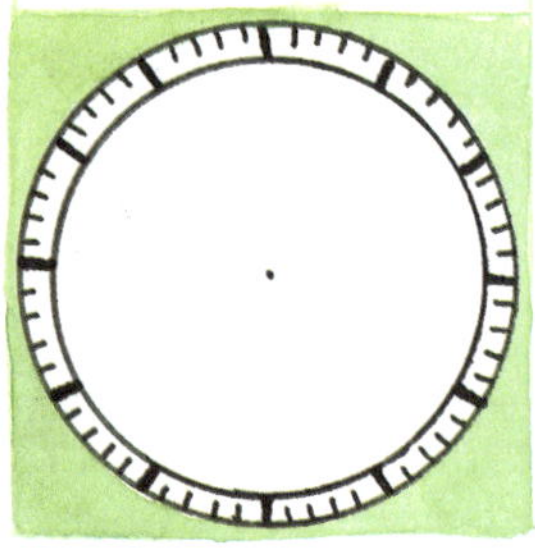

12.45 Uhr

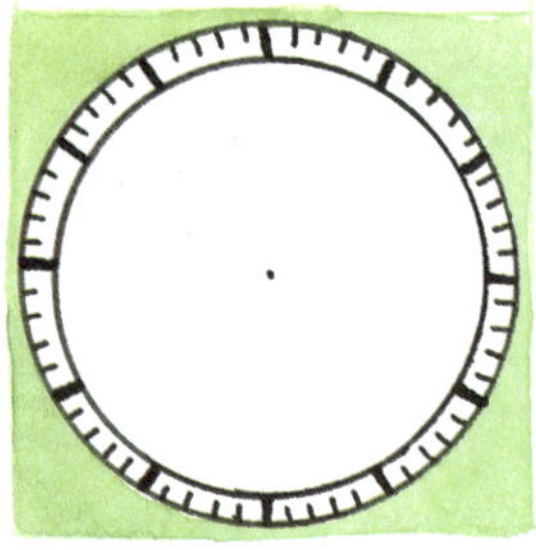

4 Welche Digitaluhr zeigt die richtige Zeit? Streiche durch, was nicht passt.

7:30
8:45
7:45

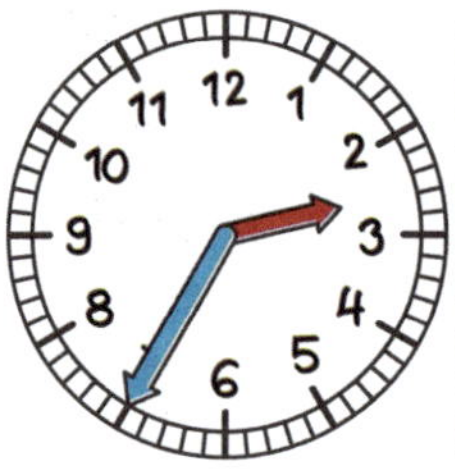

13:35
14:35
14:25

11:05
12:05
11:55

5 Aufgepasst!

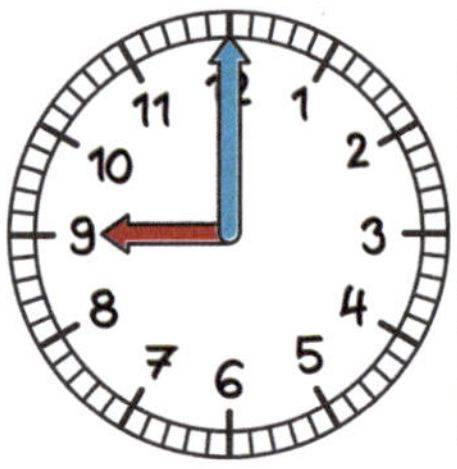

9:00
19:00
21:00

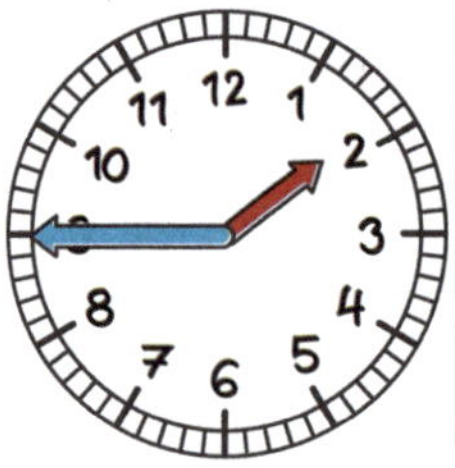

1:45
11:45
13:45

16:30
6:30
4:30

TH S. 18

Zeit – Zeitspannen

Datum: ____________

1 Wie lange dauert es?

17.00 Uhr —2 h→ ______ Uhr ______ Uhr ——→ ______ Uhr

2

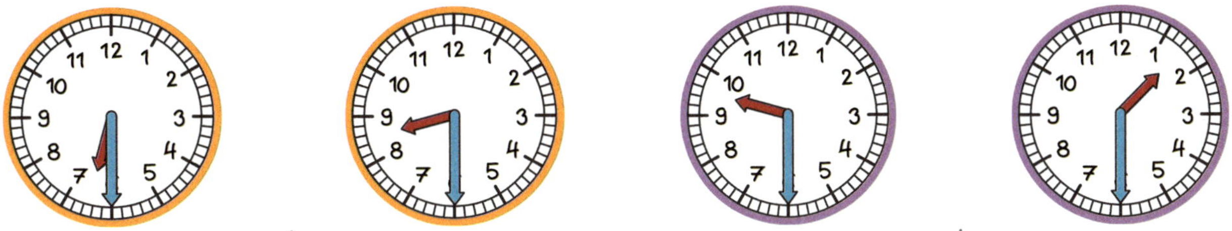

______ Uhr —h→ ______ Uhr ______ Uhr —h→ ______ Uhr

3 Wie spät ist es

a) in 4 Stunden,

18.00 Uhr	22.00 Uhr
7.00 Uhr	
4.30 Uhr	

b) in 7 Stunden,

10.25 Uhr	
9.05 Uhr	
7.10 Uhr	

c) in 11 Stunden?

3.45 Uhr	
11.40 Uhr	
8.35 Uhr	

4 Wie spät war es

a) vor 2 Stunden,

14.00 Uhr	16.00 Uhr
	7.00 Uhr
	10.00 Uhr

b) vor 5 Stunden,

	9.30 Uhr
	11.15 Uhr
	21.10 Uhr

c) vor 6 Stunden?

	17.05 Uhr
	12.20 Uhr
	6.55 Uhr

5

a) Emma ist um 16.30 Uhr vom Judotraining zurück. Um 14.00 Uhr ist sie losgegangen. Wie lange war sie weg?

____

____

____

b) Am Sonntag ist Wettkampf. Der Wettkampf dauert 3 Stunden. Um 18.45 Uhr ist er zu Ende. Wann hat der Wettkampf angefangen?

____

____

____

TH S. 19, 21

2 Verschiedene Lösungen möglich bei Berücksichtigung der zweiten Tageshälfte.

Längen – Zeichnen und messen

Datum: ____________

1 Zeichne Strecken. Markiere Anfang und Ende.

13 cm

5 cm

11 cm

8 cm

2 Zeichne Quadrate. Die Seiten sind

a) 4 cm lang, b) 3 cm lang, c) 5 cm lang.

3

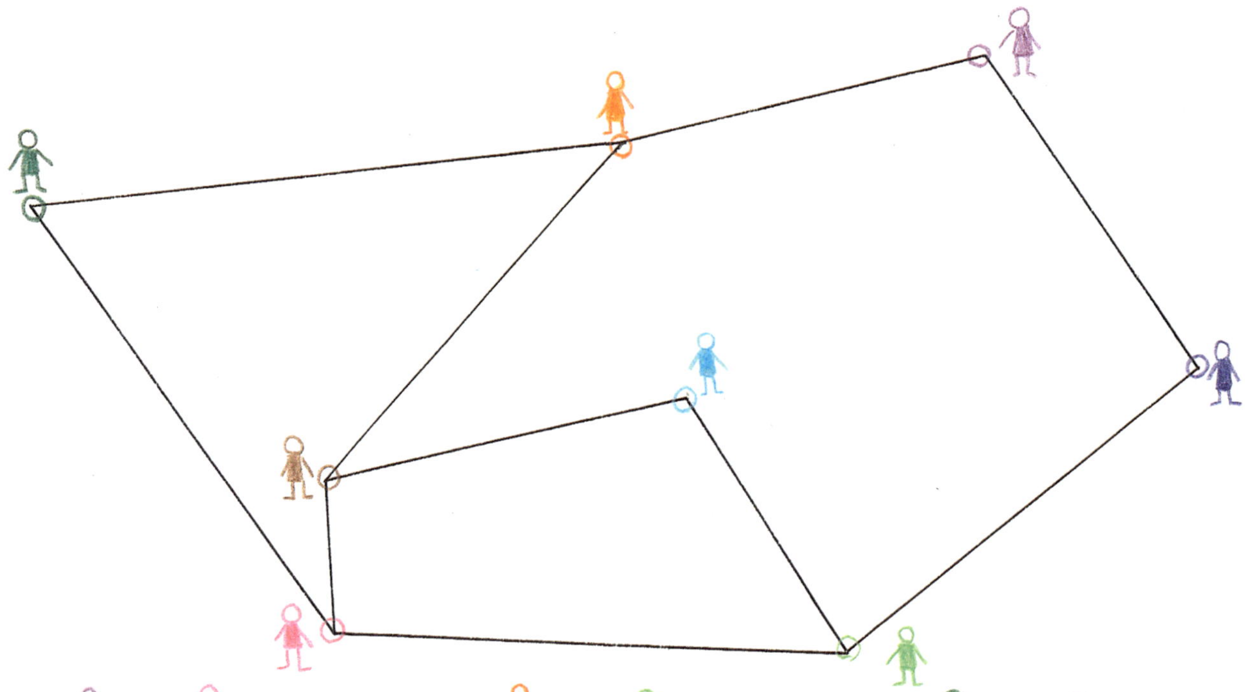

von nach ____ cm von nach ____ cm von nach ____ cm

von nach ____ cm von nach ____ cm von nach ____ cm

TH S. 28

3 Es gibt immer mehrere Möglichkeiten.

Längen – Schätzen und Messen

Datum: ____________

1 Wie lang sind die Gegenstände ungefähr? Schätze erst, dann überprüfe mit Körpermaßen.

Gegenstand	ich schätze	ich messe mit Körpermaß	Länge ungefähr
Tischbreite	____ cm	____ Fingerspannen	____ cm
Breite des Regals	____ m	____ Schritte	____ m
Buntstift		____ Daumen	
Breite der Büroklammer			

2 Suche etwas, das ungefähr so lang ist.

a) 2 cm ______________________ b) 10 m ______________________

c) 50 cm ______________________ d) 1 m ______________________

3 In cm oder in m messen?

m ☐ cm ☐

m ☐ cm ☐

m ☐ cm ☐

m ☐ cm ☐

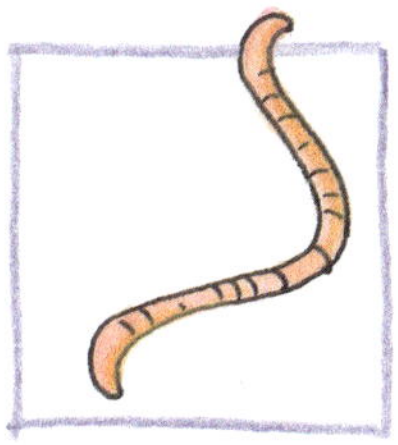
m ☐ cm ☐

4 m oder cm?

Mara hat neue Möbel für ihr Zimmer bekommen. Das Bett ist fast 2 ____ lang. Zwischen Bett und Schrank sind 30 ____ Platz. Über dem Bett hängt ein Poster, 70 ____ lang und 55 ____ breit. Der Schreibtisch ist 120 ____ breit.

TH S. 29

2 ICH-DU-WIR: Ergebnisse sammeln und vergleichen.

Sachrechnen mit Größen – Im Zoo

Datum: ___________

1 Frau Kern ist mit Max und Paula im Zoo. Vor 30 Minuten sind sie angekommen.
Da war es ______ Uhr.
Um 12.00 Uhr ist wieder Affenfütterung. Bis dahin sind es noch ____ Minuten.
Die Seelöwenschau geht von ______ Uhr bis ______ Uhr.
Paula ruft: „Das sind ja ____ Minuten!"
Nach der Seelöwenschau wollen die Kinder zu den Pinguinen.
Am Kiosk sagt Paula: „Ich muss mal."
Ihre Mutter meint: „Das ist nicht weit. Es sind nur ____ Meter."
Dann besuchen sie die Pinguine.
Auf den Steinen stehen große und kleine Pinguine.
Der größte ist 70 cm und der kleinste 35 cm.
Das sind ____ cm Unterschied.
Auf dem Weg zum Ausgang kauft Frau Kern für jedes Kind ein Eis und für sich eine Bratwurst. Sie bezahlt ______________.
Im Auto sagen alle: „Das war ein schöner Tag!"

2 Schreibe eine eigene Rechengeschichte zum Bild in dein Heft.

TH S. 31

1 Notwendige Informationen aus dem Bild entnehmen.

Datum: ____________

1

Maja verkauft am Kuchenstand. Zu Beginn sind 36 Stücke Kuchen da. Nach einer Stunde hat Maja noch 18 Stücke übrig. Deshalb bringt die Lehrerin noch 24 Stücke dazu.

a) Welche Fragen kannst du beantworten?
Male sie in verschiedenen Farben an.

Frage: Wie viele Stücke Kuchen hat Maja schon verkauft?

Frage: Wie viele Stücke Kuchen kann Maja noch verkaufen, nachdem die Lehrerin da war?

Frage: Wie viele Stücke Kuchen isst Maja?

b) Welche Aufgabe und Antwort gehören zu den beiden Fragen?
Male sie in der passenden Farbe an.

24 – ____ = 18

18 + 24 = ____

36 – 18 = ____

Antwort: Maja isst ____ Stücke Kuchen.

Antwort: Maja kann noch ____ Stücke Kuchen verkaufen, nachdem die Lehrerin da war.

Antwort: Maja hat schon ____ Stücke Kuchen verkauft.

c) Wie muss die Frage heißen, damit du sie beantworten kannst?
Setze das richtige Wort ein. Rechne und schreibe die Antwort auf.

Frage: Wie viele Stücke Kuchen kann Maja am Stand insgesamt ____________?

backen | verkaufen | behalten

____

Antwort: ______________________________

TH S. 34

1 Eine Frage, eine Rechnung und eine Antwort bleiben übrig.

Datum: ____________

1 a) Pia geht mit zwei Freundinnen fünf Minuten auf das Riesen-Trampolin.

F: Wie viele Euro müssen sie bezahlen?

R: ____________

A: ____________

b) Kira hat von ihren Eltern 10 € bekommen.

F: Wie lange könnte sie dafür springen?

R: ____________

A: ____________

2 a) Der Park ist bis 19 Uhr geöffnet. Familie Müller kommt um 14 Uhr.

F: Wie lange können sie im Park bleiben?

R: ______ h → ______

A: ____________

b) Familie Schulz ist um 13 Uhr gekommen. Um 17 Uhr fährt sie zurück.

F: ____________

R: ______ h → ______

A: ____________

3 a) Der Aussichtsturm hat 98 Stufen, Maria steht auf Stufe 69.

F: Wie viele Stufen muss sie noch gehen?

R: ____________

A: ____________

b) Max ist auch schon ziemlich hoch. Er muss noch 15 Stufen gehen.

F: ____________

R: ____________

A: ____________

TH S. 35

Datum: ____________

1 Bei Sport Schulz gibt es Hemden in den Farben gelb, grün und blau.
Die Hosen haben die Farben schwarz, blau und rot.
Es gibt verschiedene Möglichkeiten, Hemden und Hosen zu kombinieren.

Male die Möglichkeiten.

Es gibt _____ verschiedene Möglichkeiten.

2 Es gibt zwei Kappen in den Farben rot und gelb, Hemden in den Farben blau und rot und Hosen in den Farben schwarz und grün.

Male die verschiedenen Möglichkeiten.

3 Der Eisverkäufer hat drei Sorten Eis:

Schokolade Vanille Erdbeer

Marta möchte drei Kugeln Eis haben.
Wie kann ihre Eistüte aussehen?

TH S. 37

Datum: ____________

1 Werfen mit einem Wendeplättchen!
Ein Wendeplättchen wird dreimal geworfen.

a) Schreibe alle Möglichkeiten auf.

r r r ___ r ___ ________ ________

________ ________ ________ ________

b) Wie viele Möglichkeiten gibt es?

zweimal rot: ___ Möglichkeiten   zweimal blau: ___ Möglichkeiten

2 In jedem Glas sind 10 Murmeln.
Welches Glas gehört zu welchem Satz? Trage den richtigen Buchstaben ein.

a) Es ist sicher, dass Max eine blaue Murmel zieht. ___

b) Es ist wahrscheinlich, dass Max eine rote Murmel zieht. ___

c) Es ist unmöglich, dass Max eine blaue Murmel zieht. ___

d) Es ist unwahrscheinlich, dass Max eine gelbe Murmel zieht. ___

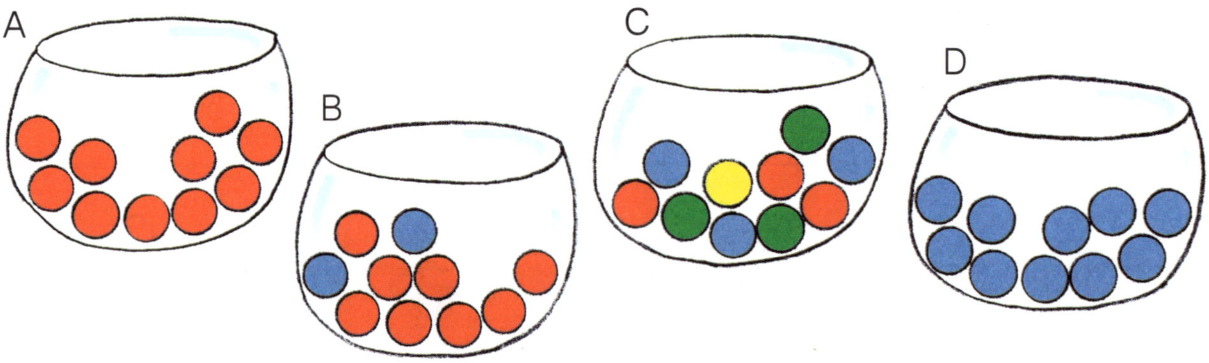

3 a) Maria hat die Verkäufe am Kuchenstand in ein Streifenbild gezeichnet.
Lies die Anzahlen ab und trage sie in die Tabelle ein.

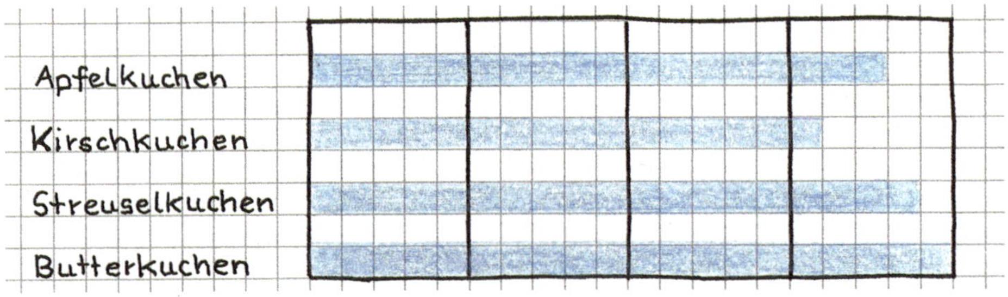

Apfel-kuchen	Kirsch-kuchen

Streusel-kuchen	Butter-kuchen

b) Jedes Stück Kuchen kostete 1 €.
Wie viele Euro wurden am Kuchenstand eingenommen?

Am Kuchenstand wurden ___ € eingenommen.

TH S. 39, 41